民主主義という
不思議な仕組み

佐々木毅 Sasaki Takeshi

★――ちくまプリマー新書
064

目次 ＊ Contents

第三章 「みなし」の積み重ねの上で民主政治は動く

はじめに

少し考えてみれば分かることですが、民主主義というのは実に不思議な仕組みです。見方によっては荒《あら》っぽいようにも見えますし、甚《はなは》だ心もとない仕組みでもあります。何千万人もの人々が投票をして政治の行方《ゆくえ》を決定するというのは、全く気の遠くなるような話です。大変な手間がかかるし、お金もかかります。それだけではありません。投票する人々は本当に何を考えて投票しているのか、そもそも自分で分かっているのでしょうか。分かったつもりでも、本当は騙《だま》されたり、間違《まちが》った情報に従って投票したりしているのではないでしょうか。それどころかかなりの数の人々は、何も考えないでテレビに映った政治家の見かけやスタイルに引きずられて、投票場に足を運んでいるのではないでしょうか。

また、国民の何割もの人々が、投票権があるにもかかわらず、その日に（わざと）どこかへ出かけたり、面倒《めんどう》くさいなどと言って投票に行かなかったりもします。それでも

「国民の審判《しんぱん》が下る」というのはどういうことなのでしょう。これでは雑然として「訳が分からない」のではないでしょうか。

実際、民主主義はリンカーン流に言えば、「人民の、人民による、人民のための政治」ですが、その実態が大衆が右往左往するだけの衆愚《しゅうぐ》政治である限り、「人民による政治」が本当に「人民のための政治」を実現できるかは疑わしくないでしょうか。本当の意味での「人民のための政治」を実現するためには、徳と知恵《ちえ》を兼《か》ね備《そな》えた優《すぐ》れた人物たちによる政治が必要で、民主主義が人民のためにさえならない劣悪《れつあく》な政治の仕組みであるとすれば、別の仕組みがそれにとって代わるべきなのでしょうか。

そういうことで昔から、優れた徳のある、十分な教育を受けた少数の人間が政治を取り仕切るのが、政治の最もよい姿であるという主張が繰《く》り返《かえ》されてきました。その方が目標もはっきりしているし、それに向けての方法も合理的に考えることができ、万事整然とした形で政治が行われるはずだというわけです(もっとも、こうした優れた人間が誰《だれ》のことであり、誰がそれを発見するかはそう簡単ではありませんが)。

民主主義を一度も体験したことのない社会や世代は、民主主義をとにもかくにも「素《す》晴《ば》らしいもの」と考え、そうした立場に立ってそれを描《えが》き、讃《たた》えようとします。しかし、長い間にわたって民主主義を実践《じっせん》し、体験し、その実情を目にすることが増えてくると、こうした議論はなかなか人々の賛成を得られなくなります。いろいろと「訳の分からない」ことや、いい加減なことが数多くあることを否定できなくなるからです。多くの人々は、先程例にあげたような民主主義批判が、あながち見当外れとばかり言えないことを肌《はだ》で感じています。問題はその先です。「それでは他《ほか》にどんな方法があるのか」ということへの回答がなければ、議論は先に進まないからです。

二十世紀は「民主主義の世紀」と呼ばれたように、人類は実にたくさんの政治上の実験を行ってきました。整然とした政治の実現のための仕組みや、本当の意味での「人民のための政治」を実現するための試みも行われました。ファシズムや共産主義はその代表例だったと言えます。しかし、民主主義に対するさまざまな批判は、確かに鋭《するど》く説得的に見えたにもかかわらず、それに代えて実行に移した代案をみると、その結果は決して芳《かんば》しいものではなく、民主主義以上に惨憺《さんたん》たるものでした。そこで私たちは再び民主主義へと舞《ま》い戻《もど》ることになったのです。二十世紀後半以降の歴史は精神的にはこの舞い戻りの歴史であり、民主主義は初恋《はつこい》の相手のように胸躍《むねおど》るものではなかったにせよ、どこかにどうしても捨てがたいものがあったということでしょう。

日本も相当長い間にわたって民主主義を実践してきました。こうした体験を重ねてくれば、民主主義の「素晴らしさ」を説く議論があるかと思えば、他方ではそれを先のように「けなす」議論をしていい気分になっているという向きもあります。しかし、それもそろそろ卒業すべきでしょう。日本の民主主義はまさに、こうした段階の真《ま》っ只中《ただなか》にいるのです。つまり、そろそろその欠陥《けっかん》や「訳の分からなさ」を見据《みす》えながら、それを具体的に改善する方法を探《さぐ》らなければなりません。民主主義の「素晴らしさ」を讃える議論とそれを「冷やかす」「けなす」議論とのやりとりは、いわば空中戦というべきものです。しかし、本当に必要なのは、地道に一歩一歩何をどう変えていくかという地上戦なのです。これが本書の視点です。

ここでは「あれか、これか」式の空中戦ではなく、「より良く」が合言葉になります。人生の多くの局面において大事なことは、「より良く」を心がけ、実行することです。「あれか、これか」に比べると、「より良く」を探求することは派手ではなく、あまり魅《み》力《りょく》のないもののように見えるかもしれません。しかし、人間の社会や個人の人生において大事なことは、ちょっとの違いが大きな違いにつながるということです。継続的《けいぞくてき》な努力が必要なのはそのためです。五十歩百歩だからといって馬鹿《ばか》にしてはなりません。何も、欠陥があるのは民主主義だけではないのです。われわれ個々人も会社などの組織も、欠陥のないものはありません。それを継続的な努力によって「より良く」していくことが大切なのであり、民主主義も例外ではないはずです。もちろん、人生や組織を「壊《こわ》すこと」が目的でないならばですが……。

第一章　民主主義のルーツを言葉から考える

民主主義のルーツを辿《たど》る一番よい方法は、この言葉がどこで、いつごろ誕生したかを探《さぐ》ることです。これは比較的《ひかくてき》はっきりしていて、紀元前五世紀のギリシアのポリス（都市国家）にルーツがあります。誰《だれ》でもその名を知っている、プラトンやアリストテレスの議論には、民主政をめぐる議論が頻繁《ひんぱん》に登場します。それに先立つ、トゥーキュディデースがペロポネソス戦争を描《えが》いた『戦史』においても、すでに民主政という言葉は当り前のように使われていました。政治における新しい言葉の誕生は、新しい現実が発生したことを示すものです。それまでの言葉では理解できないような新しい現実が発生すると、私たちは新しい言葉を作り、それによって新しい現実を効果的に伝えようとします。その意味で、この言葉の誕生は民主主義にとって決定的でした。

しかし、ここであらかじめ重要なことを注意しておかなければなりません。それは、民主主義という言葉の原義である民主政という言葉は、古代のギリシアにおいて誕生しましたが、それを現代の民主主義と同じものだと直ちに考えるのは間違《まちが》いだということです。後で述べるように両者の間には実に大きな違いがあります。民主政や民主主義という言葉、あるいはそれによって指し示される現実は、歴史の中で発展してきたのであり、ルーツの姿と今の現実を同じものと考えてはいけません。それは、古代ギリシア世界と現代とが全く違っていることを考えただけでも明らかです。

そうは言っても、ルーツには大事なものが隠《かく》されていることも真実です。そこで、このルーツの意味を探ることから始めることにしましょう。それは決して無駄《むだ》な旅ではないはずです。

1　ポリスにみる民主主義の原点

珍《めずら》しい政治の仕組み

人類の長い歴史を振《ふ》り返《かえ》ってみると、その多くは独裁政治や専制政治、さらには君主政によって占《し》められてきました。これらは基本的に一人の人間に権力が集中し、他の人々はそれに隷属《れいぞく》することを前提にして、統治問題を処理する仕組みでした。これに対して民主主義は、アメリカ独立革命とフランス革命以後のこの二世紀を除けば、ほとんどその痕跡《こんせき》がないといっても過言ではありません。古代のギリシアやイタリア、それに中世の都市国家（有名なものにヴェネツィアやフィレンツェがあります）などを除けば、その足跡は実に微々《びび》たるものなのです。また、この二世紀をとってみても、民主主義という言葉が本当に広く受け入れられ、大きな権威《けんい》を持って通用するようになったのは、第一次世界大戦以降です。その意味では、わずかにこの百年間のことでしかないのです。

ところで、民主主義という言葉のルーツはギリシアのポリスの政治にあると述べましたが、そもそもこのポリスというもの自身が例外的な存在でした。ポリスはいろいろな事情があってギリシアに誕生しましたが、それは周辺をエジプトやペルシャなどの専制政治や独裁政治に囲まれた、とても珍しい政治の仕組みだったのです。

ノモス（法）の権威の下に団結し、「自由」を唱える誇《ほこ》り高い市民団からなるポリス群は、大帝国《ていこく》や大規模な専制政治からなる周辺諸国には、違和感《いわかん》のあるものに映りました。この両者の関係は、やがて軍事衝突《しょうとつ》に発展します。ペルシャ大王ダレイオスやクセルクセスの大軍がギリシアに攻め入《せい》った、有名なペルシャ戦争がそれです。この戦争はマラトンの戦い、テルモピュライの攻防戦《こうぼうせん》、サラミスの海戦、プラタイアの戦いなど、後世に伝えられる有名な物語と数々の英雄《えいゆう》を生み出しました（その代表例が『プルターク英雄伝』に収録されています）。この戦争はギリシア世界に勝利をもたらし、ポリスが生き延びることを許すことになったと同時に、それを超《こ》えた重大な遺産を残すことになりました。というのは、この戦争を通してポリスの独自性への認識《にんしき》と自信が、ギリシア世界において確立することになったのみならず、それはやがてヨーロッパと他の世界（代表的にはアジア）とを分けて考える発想の原点になったからです。

ペルシャvs.ギリシア――「自由」の理解の違い

「歴史の父」といわれるヘロドトスによれば、ペルシャ大王クセルクセスは二百万以上の大軍を率いてダーダネルス海峡《かいきょう》を渡《わた》り、ヨーロッパでさらに加勢した軍勢を率いてギリシア本土に攻《せ》め込《こ》みました。ペルシャの大軍の到来《とうらい》を知ると、多くの諸民族は抵抗《ていこう》を止め、争ってその加勢にはせ参じました。彼《かれ》は、ギリシア人もこの大軍を目にすれば、当然その「自由」を進んで放棄《ほうき》するのではないかと考えます。少し前のマラトンの戦いにおいて、ギリシア軍はペルシャ人を恐《おそ》れることなく、自殺的とも思える程度の少数の人数で戦い、しかもペルシャ軍を破っていましたが、今度はその時とは比較にならない大軍です。

そこで、クセルクセスはペルシャに亡命中のかつてのスパルタ王（デマラトス）に対して、今度こそ彼《かれ》らはこの大軍に刃向《はむ》かうことは無駄だと考えるのではないか、という質問をしました。これに対してデマラトスは、少なくともスパルタに関する限り、「隷属」を強制するペルシャの政策を絶対に受け入れないであろうし、仮にスパルタ一国になったとしても必ずや大王に刃向かうに違いない。仮にこの大軍に対して僅《わず》か一千名しか兵士を振り向けることができないとしても、敢然《かんぜん》と戦うに違いないと答えます。

ここから二人の興味深い会話が始まります。

クセルクセス「デマラトスよ、一千の兵がこれほどの大軍を相手に戦うなどと、そなたは何という笑止《しょうし》なことを申すのか。そなたは自らこのものたちの王であったと称《しょう》しているが、どうじゃ、わしの問いに答えてくれぬか——そなたは今すぐにでも十人を相手に戦うつもりはあるか、ということじゃ。もっとも貴国の国民が一人残らずそなたの今の話のとおりであるとすれば、その王なるそなたは貴国の法に従えばさらにその二倍の人数を相手に戦わねばならぬ理屈《りくつ》であろうがな。（中略）そなたらギリシア人がみな、そなたをはじめわしにたびたび面接に参るギリシア人たちと身丈《みたけ》もなにもかも変らぬ人間で、しかもそのような大層な口を利《き》くのであれば、そなたの申したところもいたずらな広言に終らぬとも限らぬぞ。当然の理屈に従ってまあ考えてみるがよい。（中略）それらの者たちが一人の指揮者の采配《さいはい》の下にあるのでなく、ことごとくが一様に自由であるとするならば、どうしてこれほどの大軍に向って対抗し得ようか。いわんや彼らの数を五千としたならば、わが軍の兵力は彼らの一人に対し千人以上であるにおいてをやじゃ。彼らといえどもわが軍におけるごとく、一人の統率下にあれば、指揮官を恐れる心から実力以上の力も出そうし、鞭《むち》に脅《おど》かされて寡勢《かぜい》を顧《かえり》みず大軍に向って突撃《とつげき》もしよう。しかしながら自由に放任しておけば、そのいずれもするはずがなかろう。わしの見るところでは、よしや兵力が同等であったとて、ギリシア人はペルシア人部隊のみを相手にしても戦うことはむつかしかろう……」

デマラトス「……スパルタ人は一人一人の戦いにおいても何人にも後《おく》れをとりませんが、さらに団結した場合には世界最強の軍隊でございます。それと申すのも、彼らは自由であるとはいえ、いかなる点においても自由であると申すのではございません。彼らは法《ノモス》と申す主君を戴《いただ》いておりまして、彼らがこれを怖《おそ》れることは、殿の御家来が殿を怖れるどころではないのでございます。いずれにせよ彼らはこの主君の命ずるままに行動いたしますが、この主君の命じますことは常に一つ、すなわちいかなる大軍を迎《むか》えても決して敵に後を見せることを許さず、あくまでも己《おの》れの部署にふみとどまって敵を制するか自ら討《う》たれるかせよ、ということでございます。」

（ヘロドトス『歴史　下』松平千秋訳、岩波文庫、六七―七〇頁より）

この対話には興味深い指摘《してき》がなされています。それぞれが軍事や政治の仕組みの違いを認識していること、特に、クセルクセスの方がギリシア人の仕組みが分からない、あるいは理屈にかなっていないと考えていることです。二百万の大軍に僅か千人で立ち向かうということが合理的に成り立つのはただ一つ、各人が一人で数千人を相手に出来る場合でしかありませんが、どう見てもギリシア人にそうした超人的《ちょうじんてき》な能力があるようには見えません。おまけに彼らは「自由」を誇りにしていますが、「自由」とは統制がとれないこと、すなわち放任状態と同じことであり、大軍に向かって戦うことなどとても想像することはできないというわけです。これはある意味で「常識的」な疑問であって、実際、多くの民族はこうした根拠《こんきょ》に基《もと》づいてペルシャに加勢しました。その後も、クセルクセスはペルシャ軍の威容を見せつければ、ギリシア人はその「自由」なるものを放棄するのではないかと試みています。

ここでの話題は戦争と軍事をめぐるものですが、実は政治の仕組みと軍事の仕組みには関連があることが含意《がんい》されています。対話から読み取れるように、ペルシャ式においては大王や指揮官の鞭に対する恐怖《きょうふ》が、統治の基本原則になっていることが分かります。これは、人間が特定の人間に対する恐怖によってのみコントロールできる、それ以外にはコントロールのしようがないという考えに立っています。そうでないなら、人間たちは互《たが》いにバラバラになってしまい、そこには放任状態としての「自由」しか残らないというわけです。その意味では、このモデルは古今の多くの独裁政治や専制政治の本質をはっきりと捉《とら》えたものと言えます。同じことは戦場においても繰《く》り返《かえ》されるのであって、兵士たちにとって恐怖の的である人間がいなくなれば、大軍は一転して統制のとれない烏合《うごう》の衆になってしまうのです。

これに対して、ギリシア式では、怖れの対象はペルシャ大王といった特定の人物ではありません。デマラトスによれば、ポリスの人々にとっては法という共通の非人格的ルールに対する服従が全てに優先し、そこでは法に対する自発的な服従が広く定着しています。「自由」は個々人にそくして考えれば放任状態とは無縁《むえん》であり、各人の法への厳格な服従によって初めて実現するものだったのです（スパルタでは、個人の欲望を徹底的《てっていてき》に統制する仕組みが、あらゆるところに張《は》り巡《めぐ》らされていたと伝えられています）。

ここに「自由」の理解が二人の間で全く違うことが明らかになります。ポリスでは、鞭ではなく言論（説得）が人々を動かす主たる道具でした。目の前で特定の権力者が鞭を振るい、それが恐怖感を与《あた》える限りにおいて服従するのがペルシャ式であるとすれば、ギリシア式では指導者もまた法の下にあり、彼への服従はあくまでも法への服従の結果

法の下で平等な
権力者たち
300人
王に服従する
非権力者たち
100万人
ギリシア王
ペルシア王
法がない国はごめんだね
王に服従しろ
エーゲ海
ペルシア帝国
テルモピュライ
マラトン
ギリシア
アテネ
スパルタ
サラミス
クレタ島

なのです（従って、指導者の代わりに事欠くようなことはありません）。この法によって支配される政治の世界、言《い》い換《か》えれば、法の下での平等な関係を踏《ふ》まえた自治の世界、政治共同体がポリスなのです。「自由」とは何よりもポリスの「自由」を意味しましたが、ポリスの「自由」があってこそ、市民は政治の場に積極的に参加して自らの能力を発揮し、その記憶《きおく》を後世に印《しる》すことを期待できたのです。戦場において、敵に後を見せずに敢然と戦うということは、こうした人間のあり方へのこだわりに根拠がありました。これに対して「隷属」はこうした自治的な世界を失い、ペルシャ大王といった権力者にひたすら「隷従」し、私的な世界に埋没《まいぼつ》することを意味したのです。

ペルシャ式の仕組みにあっては、最高権力者が肝心《かんじん》であり、それを決めること、それをめぐる紛争《ふんそう》を処理することが最も大事でした。いったん最高権力者が決まってしまえば、後はその権力を効果的に執行《しっこう》する行政の仕組み、つまり官僚制《かんりょうせい》を整備することに全ては尽《つ》きました。古代エジプトなどの世界において、早くから精緻《せいち》な官僚制が発達したことはよく知られています。

これに対して、ギリシアのように自治を基本にした所では、政治の仕組みを複雑に作らなければなりません。誰が政治に参加するのか、どのように参加するのか、どのような役職を配置し、どのような任期で運営するのか、こうしたことを決めておかなければ自治は動かないからです。自治というものは、政治的な意思決定のための仕組みの方を入念に整えることによって、初めて実現するものです。古代ギリシアにおいて、政治についての議論が活発になり、政治学が誕生することになった背景には、こうした事情があったのです。

ギリシアの民主政が辿《たど》った道

このように、政治の仕組みの一つとして民主政が誕生してきますが、ギリシア世界においては全ての人間が自由人ではありませんでした。例えば、数多くの奴隷《どれい》がおり、彼らは個々の家に属し、政治といった公的活動とは全く関係がありませんでした。女性も基本的に同様でした。人々が「自由」や「平等」を口にしていたにもかかわらず、自由人であるということは特別な立場にあることを意味し、一言で言えば、誰でもが自由で平等であるという「基本的人権」の考えとは程遠い世界だったのです。

ですから、自由人という立場は羨《うらや》ましい、尊敬すべき立場であり、それは積極的にこだわるべき境遇《きょうぐう》でした。政治は自由人がその「自由」の意味を明らかにする場であり、特に、不朽《ふきゅう》の名誉《めいよ》や名声の獲得《かくとく》、その後世への伝達こそが最高の関心事でした。ギリシアにおけるポリスへの異常なまでの献身《けんしん》の背後には、こうした人生観があったのです。それに比べれば、生命や富はさほど尊敬に値《あたい》するものとは考えられていませんでした。特に「男子たるもの」にとって、名誉と名声こそ最大の関心事であると見なされていました。こうした中で、政治的発言権をどのように配分するかは大きな争点であり、それをめぐって政争が繰り返されることになります。

政治的発言権は、一つには戦争への参加能力と深く結びついていました。貴族たちが騎《き》兵《へい》中心に戦っていた時代は、政治参加の範囲は限定的でしたが、やがてマラトンの戦いのように重装歩兵の集団戦闘《せんとう》が広がると、自ら武装するだけの土地財産を持つ人々の発言力が高まっていきました。こうした変化とともに、民主化の傾向《けいこう》は出てきますが、ギリシアの民主政の大きな転機になったのは、海軍が重要な役割を持つようになったことです。というのは、海軍は十分な財産を持たない貧しい人々を、漕《こ》ぎ手《て》として大量に動員することにつながり、結果として彼らの政治的発言力を大いに強化することにつながったからです。ペルシャ戦争における決定的な転機になったのが、サラミスの海戦であり、その後、海軍を駆使《くし》した拡張政策（帝国の形成）が始まるとともに、アテナイにおいては民主化が徹底し、やがて民主政という政治の仕組みが定着するようになったのです。

これによって、経済的な余裕《よゆう》のある人々が発言権を持っていた体制から、貧しい者が影響力《えいきょうりょく》を持つ体制へと変わることになりましたが、直接民主政であったため、貧しい人々の政治参加を可能にするためには、彼らが働かなくても政治に参加できるようにしなければなりませんでした。そこで、貧しい人々には日当を払《はら》って政治に参加してもらうという仕組みができたのです。また、有力者の影響力を排除《はいじょ》するために、人事をくじ引きによって決定するといった仕組みの導入も図られました。日当とくじ引きの制度化によって、ギリシアの民主政は頂点に達したのです。『戦史』に記されたペリクレスの葬送《そうそう》演説は、この時代のポリスの理想を語った記念碑的《きねんひてき》なものと言えるでしょう（29、30頁の〈コラム1〉を参照して下さい）。

ペルシャの脅威《きょうい》が一段落すると、やがてギリシア世界はアテナイとスパルタとの覇権《はけん》争いによって、深刻な内部分裂《ぶんれつ》に見舞《みま》われました。アテナイは民主政の味方として他のポリスの民主派と手を結び、スパルタは少数者・有力者・金持ちが支配する寡頭制の後《うし》ろ盾《だて》となり、それぞれのポリスはこの両派に分裂して凄惨《せいさん》な内乱状態に陥《おちい》ることになりました。そして、復讐《ふくしゅう》が復讐を呼び、かつて人々の上に君臨していた法の権威はすっかり地に墜《お》ちてしまいます。法はもはや、一方の党派が他方を支配するための道具になってしまったのです。『戦史』は、こうしたポリスの解体現象を冷酷《れいこく》に描き出しています。こうした激しい民主派、寡頭派の激しい対立の歴史を経ながらもポリスは存続し続け、民主政はなお生き延びていましたが、北方に台頭した新興のマケドニア王国に屈服し、やがてアレクサンドロス大帝国の一部でしかなくなったとき、ギリシアの民主政はその生命を終えました。

〈コラム1〉ペリクレスの葬送演説

われらの政体は他国の制度を追従するものではない。ひとの理想を追うのではなく、ひとをしてわが範を習わしめるものである。その名は、少数者の独占を排《はい》し多数者の公平を守ることを旨《むね》として、民主政治と呼ばれる。わが国においては、個人間に紛争が生ずれば、法律の定めによってすべての人に平等な発言が認められる。だが一個人が才能の秀《ひい》でていることが世にわかれば、無差別なる平等の理を排し世人の認めるその人の能力に応じて、公《おおや》けの高い地位を授けられる。またたとえ貧窮《ひんきゅう》に身を起そうとも、ポリスに益をなす力をもつ人ならば、貧しさゆえに道をとざされることはない。われらはあくまでも自由に公けにつくす道をもち、また日々互いに猜疑《さいぎ》の眼を恐れることなく自由な生活を享受《きょうじゅ》している。よし隣人《りんじん》が己れの楽しみを求めても、これを怒《おこ》ったり、あるいは実害なしとはいえ不快を催《もよお》すような冷視を浴せることはない。私の生活においてわれらは互いに制肘《せいちゅう》を加えることはしない、だが事公けに関するときは、法を犯《おか》す振舞いを深く恥《は》じおそれる。時の政治をあずかる者に従い、法を敬い、とくに、侵《おか》された者を救う掟《おきて》と、万人に廉恥《れんち》の心を呼びさます不文の掟とを、厚く尊ぶことを忘れない。(中

略）

まとめて言えば、われらのポリス全体はギリシアが追うべき理想の顕現《けんげん》であり、われら一人一人の市民は、人生の広い諸活動に通暁《つうぎょう》し、自由人の品位を持し、己れの知性の円熟を期することができると思う。そしてこれがたんなるこの場の高言ではなく、事実をふまえた真実である証拠は、かくの如《ごと》き人間の力によってわれらが築いたポリスの力が遺憾《いかん》なく示している。なぜならば、列強の中でただわれらのポリスのみが試練に直面して名声を凌《しの》ぐ成果をかちえ、ただわれらのポリスに対してのみは敗退した敵すらも畏怖《いふ》をつよくして恨《うら》みをのこさず、従う属国も盟主の徳をみとめて非難をならさない。かくも偉大《いだい》な証績をもってわが国力を衆目に明らかにしたわれらは、今日の世界のみならず、遠き末世にいたるまで世人の賞賛のまととなるだろう。（中略）われらは己れの果敢さによって、すべての海、すべての陸に道をうちひらき、地上のすみずみにいたるまで悲みと喜びを永久にとどめる記念の塚《つか》を残している。そしてかくのごときわがポリスのために、その力が奪《うば》われてはならぬと、いま此処《ここ》に眠《ねむ》りについた市民らは雄々《おお》しくもかれらの義務を戦の場で果し、生涯《しょうがい》を閉じた。

（トゥーキュディデース『戦史㊤』久保正彰《くぼまさあき》訳、第二巻三七、四一より、岩波文庫）

2　民主政という政治の仕組み

アリストテレスが唱えた六つの政治体制

紀元前四世紀の後半、アリストテレスは『政治学』において有名な政治体制（政体）についての分析《ぶんせき》を行いました。彼によれば、政体には六つあり、支配者の数と共通の利益に基づくものかどうかを基準にした分類が行われます。一人の支配には良い政体として王政、悪い政体として僭主政《せんしゅせい》があり、少数者による支配のうち良いものは貴族政、悪いものは寡頭政、多数者の支配のうち良い形態は「国制」、悪い形態は民主政というのが彼の結論でした。さらにいえば、これら悪い政体の中でも最悪なのが僭主政、次に悪いのが寡頭政、民主政は悪い形態の中では「最も悪くないもの」というのが彼の評価でした。

このうち、民主政と寡頭政はまさに現実の政治そのものであり、彼はそれらについての分析を精緻にしていきました。民主政とは彼によれば、「自由人の生まれで財産のない者が多数であって支配者である」政体を意味しました。これに対して寡頭政は「富裕で生まれの良い者が少数であって支配者である」政体を意味しました。

ところで、民主政といっても細かく見ていくとそこには大きな違いがあります。民主政は平等を基本としていますが、役職に就任するために一定の財産上の条件を付けているものから、何もそうした条件を付さないものまでありますし、法が支配する民主政があるかと思えば、法ではなく大衆が最高のものとされ、民会の決定が全てに優先するような民主政もあります。ここで問題とされるのは、この最後の形態です。そこでは民衆は独裁者となり、民衆を動かす民衆指導者やデマゴーグ（扇動《せんどう》政治家）が立ち現れます。法の権威を無視し、富者から財産を奪《うば》うなどして民衆が独裁者となって、専制政治を行うこの形態は、僭主政に近い最悪のものとされます。

アリストテレスによれば、法の支配が確保されるためには民会が例外的にのみ開かれるようにすることが大事であり、そのためには多くの人々が政治に参加する権利を持っていても、実は現実に参加するだけの経済的余裕と「閑暇《かんか》」がないような状態が好ましいものでした。逆に日当の支払いを受けた大衆が、民会を舞台《ぶたい》にして独裁的な権力を振

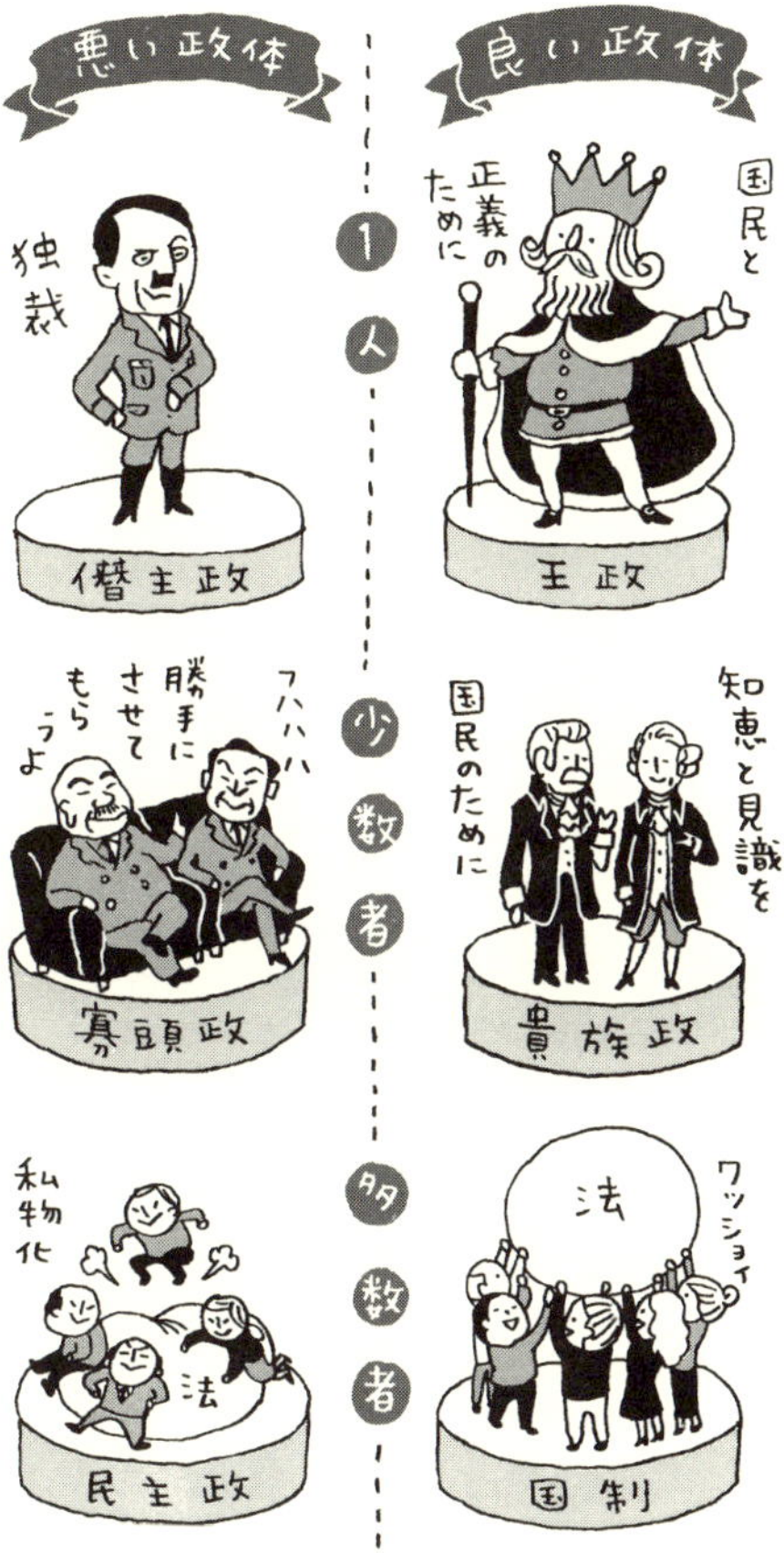

アリストテレスが唱えた六つの政治体制

るい、法をないがしろにするような民主政は最悪です。法との関係で民主政が穏健《おんけん》なものに止まるか、それとも極端《きょくたん》なものになってしまうかに彼は注目したのです。そして、民衆が農民であれば「閑暇」がなく、民主政は穏健なものに止まるのに対して、民衆が職人や商人、日雇《ひやと》いからなる場合、民主政は極端な形態に陥りやすいとしました。同じように、寡頭政についても政治参加に必要な財産額の多少によって、穏健なものからより閉鎖的《へいさてき》なものへと幾《いく》つかの段階分けが行われます。そして、良い政体の一つで、多数者が支配する「国制」は、極端でない民主政と極端でない寡頭政との混合物であり、これこそが現実に可能な好ましい政体であったのです。総じて極端な政体は自らその生命を縮めることになるというのが彼の判断であり、民主政もまたこの大原則に沿うことによって初めて良い政体に近づくことができたのです。

民主政が抱《かか》えた障害

ここで、民主主義のルーツ探しの旅を終えるに当たって、少し話を整理しておきましょう。第一に、古代の民主主義のイメージはあまり芳《かんば》しくないことです。何よりもそれを素晴《すば》らしいと主張する文献が少なく、プラトンの『国家』に代表されるように、それを一貫《いっかん》して批判する文献がたくさん残されたことが、理由としてあるかもしれません。それに比べれば、アリストテレスはより公平でしょうが、それでも悪い政体の中で「最も悪くないもの」というのが、基本的な評価でした。そして、大衆政治指導者が活躍《かつやく》し、大衆の意向がそのまま最高の決定になるような、アリストテレスのいう「極端な民主政」が民主政を特徴《とくちょう》付けるものとして長く伝えられることになりました。そこでは、合理的な政策判断は到底期待できないように見えたのです。

また、古代においては政体論が、もっぱらその実績を基準にして論じられたことも忘れてはなりません。つまり、現在のように民主政は基本的人権に適《かな》う政治の仕組みであるといった道義的・倫理的《りんりてき》な根拠に基づく議論はまだなく、いわば、他の政体と横並びで比較されたのです。古代人は大衆のみならず、王も貴族も権力を濫用《らんよう》することをよく知っていました。そこで彼らが最終的に到達した一つの結論は王、貴族、大衆が互いに抑制均衡《よくせいきんこう》しあうことによって、権力の濫用を防止する仕組みが最も優れているということでした。これが後年の権力分立論につながっていくことになります。

第二に、民主主義と政治的スペースの問題があります。民主政が直接民主政を意味する限り、それが現実に実現できるのは、狭《せま》い都市国家においてでしかありませんでした。いわば、お互いが個人的に見聞している人々の間で実現できる政治の仕組みでした。都市国家がかつてのような独立性を失えば、民主政はもはや現実のものとは考えられなくなります。それが大帝国に呑《の》み込《こ》まれるようになると、民主政は紙の上で――しかも、あまり芳しい評判を持たない政体として――辛《かろ》うじて生き延びるだけのものになってしまったのです。広い領域を支配するのに適した政体は王政や帝政とされ、民主政には出番そのものがなくなりました。イタリアの都市国家などにおいては、民主政に出番が回ってきたこともなかったわけではありませんが、民主政は総じて、歴史のマイナーなエピソードとして存続してきたに過ぎなかったのです。

このように、必ずしも芳しくない評価と政治的スペース上のネックという二つの障害をどう乗《の》り越《こ》えるかが、民主政の新たな発展にとって避《さ》けられないテーマとなりました。近代の民主主義はそれらへの回答の試みだったのです。

第二章　代表制を伴《ともな》った民主政治の誕生

人間が互《たが》いに自由、平等であることを踏《ふ》まえた近代の民主主義の誕生と生成には、多くの難問が横たわっていました。この幾重《いくえ》にも積み重なり、複雑に入り組んだ難問を一つ一つ解き明かすのが、この章の目的です。しかも、課題はなお全て解決されたわけではありませんから、未来のためにもこの思索《しさく》の旅に出かけてみましょう。

1　「契約《けいやく》に基《もと》づく権力」と「法の支配」の新展開

封建制《ほうけんせい》から特権と「条件付」契約へ

「イギリス人の自由の守護神」と崇《あが》められてきた文書に、「大憲章（マグナ・カルタ）」（一二一五）があります。これは、国王ジョンと封建領主らとの間で、長く続いた抗争《こうそう》の果てに結ばれた契約文書です。この文書で王は、封建領主や商人たちのさまざまな権利を守ることを宣言し、それによってこれらの人々の服従を得ようとしています。その内容をみると、ここで認められている権利は、例えば封建領主たちがその土地をどのようにして相続することができるか、といった事柄《ことがら》に関する実に細かな定めです。もちろん、もう少し適用範囲《はんい》の広い条文もありますが、基本的に身分社会において認められた、それぞれの身分に応ずる権利（これを特権と呼ぶ）がここでの内容でした。つまり、人間一般《いっぱん》の権利の擁護《ようご》、その意味での自由の擁護が内容ではありません。この点で現代の人権宣言とは違《ちが》った文書と言えます。

しかしながら、最高の権力者である王に封建領主らの特権を認めさせ、その限りで「法の支配」を実現した文書であることも確かです。王はこれらの特権を尊重しなければならず、それによって制限されています。つまり、臣下の王に対する服従はあくまで「条件付」であり、王の権力は、一種の契約関係に根拠《こんきょ》を持つものと見なされています。これは支配者（王）と支配される人々との間の契約であり、専門用語で言えば支配服従契約と呼ばれます。

そこでは、王が「法の支配」を侵《おか》すことになれば、王に対する服従義務も究極的にはなくなる（抵抗《ていこう》する権利が発生する）ことになります。従って、ここには無制限な権力といったものはないという基本的な考えが見られます。逆に言えば、特権という形ではあるけれども自由があるということです。このような「法の支配」と政治的支配を、契約関係として考える発想を生み出したのは中世であり、特に封建制という仕組みでした。そして、王権と特権との政治的妥協《だきょう》の場として登場したのが議会です。この議会は身分を代表するものであり、貴族を代表する上院と庶民院《しょみんいん》とに分かれていました（これを身分制議会、等族議会と呼びます）。

また、中世ではローマ教皇が絶対的な権威《けんい》を持ち、政治権力は常にそれに対して劣位《れっい》にありました。この教皇の権威は、中世世界が何よりも一種の信仰《しんこう》共同体であったことに由来しています。それを象徴《しょうちょう》する有名な事件に、カノッサの屈辱《くつじょく》があります。これは皇帝《こうてい》が教皇によって破門され、その臣下たちがこうした皇帝に対する服従義務から解放されて、皇帝権力が一気に雲散霧消《うんさんむしょう》したために起こった事件です。「大憲章」に登場するジョンも、教皇のこうした措置《そち》によって屈服させられたことがありました。政治権力が契約関係に基づくということは、契約が解除されれば政治権力は一気に崩壊《ほうかい》することを意味します。政治権力を制限する方法として、「条件付」契約という発想が登場したことの意味は大きかったのです。

人間の人間としての権利

十六世紀に登場する絶対主義は、「法の支配」と「契約に基づく権力」という発想から、権力者が自由になろうとする政治的企《くわだ》てでした。つまり、無制限な権力の新たな主張の試みです。そのため、特権としての権利を守ろうとする諸身分との抗争が、延々と続くことになりました。

ところが、この両者の間隙《かんげき》を突《つ》いて全く新しい思想が登場してきます。それは、人間が生来自由平等であるという原則に立つ、「人間の人間としての権利」（基本的人権）を擁護する立場です。十七世紀中葉のイギリスでピューリタン革命が発生し、王権は一時打倒《だとう》されましたが、反王権派内部においては、特権を擁護するグループと「人間の人間としての権利」を主張する立場とが激しく対立しました。特権擁護グループの拠り所《よどころ》は「大憲章」であり、歴史と伝統がその根拠でした。これに対して、後者は自然と理性といった普遍的《ふへんてき》な原理の名の下に自らの主張を基礎《きそ》付けましたが、彼《かれ》らによれば「法の支配」を「大憲章」で置《お》き換《か》えるのは軽蔑《けいべつ》すべき議論でした。特権は、歴史と現実に根拠を持つ具体的な権利であったのに対して、「人間の人間としての権利」はあくまでも普遍的、抽象的《ちゅうしょうてき》、一般的な権利を擁護します。つまり、「法の支配」の内容を、特権の擁護から人権の擁護に一大転換《てんかん》させるべきだというのです。特権擁護派にとって、この新しい権利の主張はほとんど理解できないものであり、社会に無秩序《むちつじょ》と混乱を招くものと映りました。

当時の大思想家トーマス・ホッブズは、人間のこの生まれながらの権利を次のように定義しました。

「自然権とは、各人が、かれ自身の自然すなわちかれ自身の生命を維持《いじ》するために、かれ自身の欲《ほっ》するままにかれ自身の力をもちいるという、各人の自由である。したがって、かれ自身の判断と理性において、そのためにもっとも適切な手段とおもわれるあらゆることを、おこなう自由である」（『リヴァイアサン』第十四章）

ここには自然権における人間の平等と共に、自分の生命を維持する権利、そのために必要なことを行う権利、何がそのために必要なことかを判断する権利からなる自由が含《ふく》まれています。自然権は彼の場合、他人の生命をも奪《うば》う権利を容認《ようにん》するものであり、ここから「万人の万人に対する戦争状態」が描《えが》かれることになりますが、そうした自由の暴走に歯止めをかけ、平和を実現するための原則を定めたのが自然法でした。「万人の万人に対する戦争状態」は、いわば自然権による自然法の破壊ですが、お互いの共存のために、自然法による自然権の制限が承認されることによって、自然権は社会の構成原理として安定した地位を占《し》めるようになりました。

基本的人権の台頭は、特権の根本的見直しを促《うなが》すものであっただけではなく、支配服従契約の見直しをも促すことになりました。なぜなら、支配服従契約は「生まれながら支配する者と支配される者が、はっきりした形で存在することを前提にしていましたが、人間が互いに自由平等であるということになれば、この前提そのものがなくなってしまうからです。ですから、ゼロベースで政治全体を組み直さなければならなくなります。

特権
先祖代々全ては王家のもの〜
貧
富

人権
えー
これ、自分のものにしたい
わしは大きく
金を出すからオレにくれ
わたしこのくらい

そこで登場したのが社会契約という発想であり、自由で平等な人間がお互いの契約によって、政治社会と政治権力を創設するという構想でした。社会契約の目的は、人間の自由と権利を確固としたものにすることであり、その意味で「法の支配」の実現であり、それを通しての各人の幸福の追求にありました。政治権力はそのための手段であり、この目的にそぐわない支配者は交代させられることになります。この支配服従契約から社会契約へという大きな流れはルソーの『社会契約論』に最もまとまった形で見られます。

フランス革命と国民国家

王権と特権との対立という構図を一挙に解体し、自由で平等な人間からなる政治社会、国民国家を誕生させたのがフランス革命でした。僅《わず》か数ヶ月の間に、身分制議会であった三部会が国民議会に変貌《へんぼう》し、特権の廃止《はいし》に続いて「人および市民の権利宣言」が発せられ、「人の譲渡《じょうと》不能かつ神聖な自然権」は政治の仕組みの基本原則になりました。そして、すべての権力は、社会契約に参加する人々の集団である国民に帰属することも宣言されたのです。

「あらゆる主権の原理は、本質的に国民に存する」という大原則は、国民が憲法を制定する権利を持つという形で現れました。そして日常的に活動する権力がどのようなものであり、誰《だれ》がどのような手続きでその担い手になるかといったことは、憲法によって定められます。しかし、憲法にどのような政治の仕組みを書き込《かこ》むかという問題は、国民が憲法を制定する権利を持つということからすぐに答えが出てくるものではありません。言い換えれば、社会契約説を認めるとしても、それで政治の仕組みについての意見が一致《いっち》する保証はないのです。

実際、フランス革命に大きな影響《えいきょう》を及《およ》ぼしたとされるルソーは、主権者である人民は立法権を行使し続けるべきであることを説き続けました。彼は代表者という発想を、中世以来の政治的堕落《だらく》の産物と断定し、イギリス人について、彼らは「自らが自由だと思っているが、それは大間違いだ。彼らが自由なのは、議員を選挙する間だけのことで、議員が選ばれるやいなや、彼らは奴隷《どれい》となる」という有名な代表者批判を展開しました。もちろん、彼も日常的な行政を担当する政府の必要を認め、そこから君主政や貴族政と並んで民主政が登場します。そして、「もし神々からなる人民があれば、その人民は民主政をとるであろう。これほど完全な政府は人間に適さない」とも述べています。つまりルソーは、立法権の人民による直接行使を擁護した点で、古代の民主政に近かったと言えますが、政府論に即《そく》して言えば、決して民主政論者とはいえなかったのです。

このように、政治の仕組みをどうするかという問題については、国民・人民主権が広範に承認されても直ちに解決されはしませんでした。フランスも、フランス革命以降は、革命とクーデターにしばしば見舞《みま》われ、あまり説得的モデルを提供することができませんでした。この点において、早々と新興のアメリカに着目した若きフランス人、アレクシス・ドゥ・トクヴィルは、正しく慧眼《けいがん》であったと言えるのです。

2 アメリカ合衆国の政治的実験

民主政治に内在する悩《なや》み

アメリカはピューリタンの伝統をまつまでもなく、古いヨーロッパから「自由」を求めてくる人々の「希望の地」でした。そこには何よりも、伝統的な身分制秩序がありませんでした。また、そこには古代もなく、中世もなかったのです。あったのは、「自由」を求める活動的な個人でした。このアメリカの独特な社会状況《じょうきょう》は、人権と社会契約といった近代の政治原理にとって、強固な共鳴盤《きょうめいばん》となりました。実際、アメリカの独立と建国を彩《いろど》る「ヴァジニア権利章典」「独立宣言」（いずれも一七七六）といった文書は、フランス革命に大きな影響を及ぼしました。

アメリカの興味深い点は、「近代化」や「民主化」に伴う悩みが少ない一方で、「民主政治に内在する悩み」に、非常に早くから付きまとわれた点にありました。ジェファソンの『ヴァジニア覚書』（一七八四）が示しているように、代表制を伴った民主政治の実現は、もはや経験済みのことであり、むしろそこで明らかになった弊害《へいがい》にどう対応すべきかが主題となりました。他の国々が、近代的な原理を採用すべきかどうかについて議論している時に、アメリカはそれをすでに経験し、そこで起きた問題に頭を悩ませていたのです。それは一言で言えば、人民主権と民主政治を当然の出発点としながら、政治の仕組みをどう整備したらいいかという問題でした。フランス革命が人民主権を問題にしたのに先立って、彼らはそれから何歩か先を行く議論を展開し、それを合衆国憲法という形で仕上げたのです。

一七八七年、それまで各州の間で取《と》り交《か》わされていた連合規約に代わる、新しい憲法を制定するための会議がフィラデルフィアで開催《かいさい》されます。この背景には、現在の政治情勢に危機感を持つグループの強い意向がありました。ここでまとめられた新しい憲法草案は、各州の住民の投票に付され、州によっては僅差《きんさ》で可決されました。当然、この草案をめぐって、連邦《れんぽう》派と反連邦派との間で激しい議論がありましたが、この草案擁護グループの議論を代表したのが、ハミルトンらの手による『ザ・フェデラリスト』(一七八八)という作品です。

彼らが応答しなければならない最大の問題は、なぜ強力な連邦政府を今作る必要があるのかでした。ここでは、外交上の必要という分かりやすい議論は脇《わき》において考えますが、新たな連邦政府を樹立することによって、民衆の統治(popular government)に付きまとう派閥《はばつ》の弊害を抑制《よくせい》できること、これが彼らの主張の眼目でした。

民衆の統治は、自由な政治参加を前提にしていますが、それが派閥を生み出し、さらに派閥を作った多数派の暴走や横暴につながっていき、権利や自由の侵害《しんがい》、そして民衆の統治そのものが危機に陥《おち》いるのをどのようにして防止するか、これが彼らの掲《かか》げた最大のテーマでした。つまり、民衆による支配と多数派の支配、端的《たんてき》に言えば、「多数派の専制」という問題です（単なる多数決は問題の解決策にはならないということです）。古代の民主政にこの欠陥があったことは周知のこととして、実は代表制を採用しても同じ問題が繰《く》り返《かえ》されることを彼らは知っていたのです。

共和政と国家のサイズ

ところで、派閥とは、一定数の市民が「他の市民の権利や共同社会の永続的・全般的利益に敵対するような感情または利益といった、ある共通の動機により結合し行動する場合」を指します。彼らは派閥そのものをなくそうとする試みを、愚《おろ》かで実行不可能なものと断定します。政治参加の自由と派閥とは切《き》り離《はな》せない関係にあり、人間の多様な能力と才能、異なった経済的利益などが、派閥を次々と誕生させるのは避《さ》けられません。唯一《ゆいいつ》可能なのは、派閥の弊害を抑制することであり、この点で古代の単純な民主政は、派閥と多数派の横暴がむき出しになる、最も劣悪な仕組みとして排除《はいじょ》されます。

民主政という言葉が古代の直接民主政を思い出させることを念頭に、彼らは民主政という言葉を慎重《しんちょう》に避け、自分たちの樹立する政治の仕組みを共和政と命名します。その特徴は、代表制の採用によって特徴付けられます。古代の民主政が小規模の都市国家でしか実現できなかったのに対し、共和政は大きなサイズの国家に適用可能であり、サイズが大きければそれだけ、勝《すぐ》れた人材が代表者として選ばれる可能性が高まると言われました。その上、多数の市民と広大な領域を持つ共和政においては、一つの多数派ができる可能性が少なくなります。派閥の数が増え、互いに打ち消しあい、同じ派閥も互いに結びつくことが難しい。このように広大な共和政は、派閥の弊害から自らを守る武器を備えているというわけです。

ここに、代表制とスペースの拡大《かくだい》を含んだ新しい民主政の構想が見られます。それは政治活動の自由や派閥を否定するものではなく、それを認めた上で民主政の自滅《じめつ》を避け、その安定的運営を可能にするアイデアでした。これによって、民主政は古代のそれが持っていた（そしてルソーにも残存していた）濃密《のうみつ》な共同体としての性格を失い、より機械的なメカニズムに近いものとなっていったのです。

しかし、広大な共和政は代表者さえ選べば全てうまく行くのでしょうか。これが『ザ・フェデラリスト』の直面した基本問題でした。自由と共和政を維持しつつ、政府に安定性と活動性を与えることがテーマとなりました。そこで、連邦政府において採用されたのが権力分立制です。アメリカでは、植民地時代の経験もあって行政権に対する強い警戒心《けいかいしん》があり、逆にその分、立法機関による権力の剝奪《はくだつ》といった問題に無防備な面がありました。その結果、各州において立法部の権力が肥大し、新しい専制政治が誕生しているとの指摘《してき》が、ジェファソンなどによってなされるようになり、権力分立制の採用が焦眉《しょうび》の急となったのです。『ザ・フェデラリスト』はモンテスキューの権威を用いながら、この課題に次のように取組みました。

まず、立法権、行政権、司法権の三つを分離《ぶんり》するだけではなく、それらが互いに抑制均衡《きんこう》する仕組みを提案します。そのためには議会制とは異なり、各機関の担い手がそれぞれ独立に人民からその権限を与《あた》えられるようにし、報酬《ほうしゅう》などにおいて議会に依存《いぞん》しない独立性を持つような仕組みを作ります。その結果、行政の首長である大統領は議会によって選ばれるのでなく、直接間接、人民によってその地位に就《つ》けられることになります。大統領が立法に対して拒否権《きょひけん》を持ち、司法権は違憲《いけん》立法審査権《しんさけん》を持つように、これら三権の担い手は他からの侵害と闘《たたか》う権限を持ち、野望には野望をもって対決する仕組みが提案されました。

当時、彼らの念頭にあったのは、議会が国民の代表者としての地位を利用して強大化し、他の機関の権力を奪い取るのではないかという心配でした。そこで連邦議会を上下両院に分割し、議会の中に抑制均衡の仕組みをもう一つ組み込んだのでした。こうして出来上がった現存する世界最古のアメリカ合衆国憲法は、「政府自身が政府を制御《せいぎょ》する」という彼らの理想を実現したものでした。言い換えれば、代表者たちが互いに抑制均衡し合うことによって、最高権力者としての人民が登場する余地を封《ふう》ずることをも意味したのです。

権力の暴走を防ぐための方策として、権力分立制に連なる考え方は古代以来連綿と続いてきました。中世以来の王権と特権との抑制均衡もその一例です。モンテスキューの議論もそうですが、これらは、さまざまな身分の間での権力分立・抑制均衡をその内容としていましたが、アメリカにおいてはこうした議論は使えませんでした。全ての権力

互いに尊重、互いに抑制している

が人民に帰属することは明らかであり、連邦議会議員であれ大統領であれ、その権力は人民に由来します。このようにして、権力分立制は初めて身分制から解放され、諸権力の機械的な抑制均衡のメカニズムとして登場したのです。

3　大統領制と議会制

イギリス議会制の特徴

前節で述べたような権力分立型・抑制均衡型の代表制は、その後大統領制という名前で一般に流布《るふ》するようになりました。抑制均衡の仕組みは、モンテスキューを介《かい》して、イギリスをモデルにしたものとしばしば考えられてきましたが、十九世紀になると、こうした理解に異論を唱える見解が出てきます。それらを全て間違いであると断定し、その上でイギリスの政治の仕組みがアメリカといかに違っているか、しかも、アメリカよりもいかに優《すぐ》れているかを強烈《きょうれつ》に説いた人物に、ウオルター・バジョットという人がいます。彼は「政府自身が政府を制御する」仕組みの欠陥《けっかん》を、次のように指摘しました。

「イギリスの首相は、立法部の最も有力な議院によって選ばれて任命され、またその意のままに解任されるので、議院に依存できることはいうまでもない。もし首相が政策遂行《すいこう》のために法律が必要であると思えば、それがかなえられ、その政策を実行できる。しかしアメリカの大統領は、このような安定性をもっていない。大統領は、一定の方法で、一定の時期に選ばれる。また議会〈上・下両院ともに〉は、別個の方法で、違った時期に選ばれる。大統領と議会とは、結びつくことはない。また実際に両者は、いつも対立している。」(バジョット『イギリス憲政論』小松春雄訳(『世界の名著60』)中央公論社、三三七頁より)

そして彼は、「この両者の泥《どろ》仕合を平然と耐《た》え抜《ぬ》いている国民は世界中でも少ない」と、アメリカ国民に皮肉を献上《けんじょう》しています。これは、アメリカの仕組みが権限分散的で、政策の精力的な遂行に必要な求心力を持っていないことを指摘したものです。また、抑制均衡型の仕組みにおいては、政策の動向と国民の政治的関心との敏感《びんかん》な結合が見られず

（政府部門内部のやり取りの比重が大きいため）、政治的無関心が広がりやすいなどと述べています。

これに対して、バジョットが賞賛したイギリス議会制は、抑制均衡型とは全く異なった、議会と内閣が一体となったダイナミックで集権型の仕組みと考えられます。かつての議会は王権に対する抵抗の拠点であり、それこそある種の抑制均衡モデルの実例であったかもしれませんが、十九世紀の後半になると、議会制は一つの機能的な統治システムとして注目されるようになったのです（王権はそれを側面から支える象徴的な機能しか持たなくなりました）。

二つのモデルとその後の変遷《へんせん》

こうして、代表制民主政は、議会制と大統領制という二つのモデルを原型としてイメージされるようになり、二十世紀にかけてさまざまな工夫《くふう》が凝《こ》らされることになりました。大統領といっても、その権限は多様であることは言うまでもありませんが、大統領制は基本的に、大統領（行政首長）が国民から直接選ばれることをその基本的な特徴と

議会制
議会
議会の議決によって行政首長が決まりましたッ
まかしたぞ
ちゃんとえらべ
マジで
議員
国民

大統領制
大統領
ワタシをえらびなさい
オレをえらべ
いやこっちに
こっちだな
国民

しています（議会も国民から選ばれることから、国民は複数の担い手によって代表されていることになり、日本の地方政治の仕組みがこれと似ています）。これに対して、議会制は議会のみが国民の代表者であり、内閣（行政首長）は議会で選ばれる仕組みです。そこで問題になるのは、議会が一院制であるか二院制をとっているかで、後者の場合には第二院（日本の参議院に相当するもの）がどのような性格のもので、どれだけの権限を持っているかが、大きな焦点《しょうてん》となります。実際、二十世紀初頭のイギリスにおいて、下院と上院との対立が激しくなり、そこで下院の優位が最終的に確立したのです。

また、二十世紀にはこの二つのモデルを結びつけた仕組みも現われました。例えば、大統領制の枠《わく》組みを残しながら、そこに議会制の要素を取り込む試みです。これは現在もフランスに見られます。その一方で、議会制の枠組みに大統領制の要素を取り込むべきだとの主張も出てきました。日本で一時話題になった、首相《しゅしょう》公選制といったものはこうした側面を代表するものです。

こうしたさまざまな試みは、統治の仕組みとしての民主政治をどのような観点から判断するか、その結果、現状は満足すべき状態にあるかどうか、というような評価から出てきます。それぞれの民主政治の実態は、他の要素――政党のあり方、社会の格差、宗教や民族の多様性など――によっても左右されるため、それに対する処方箋《しょほうせん》も違うし、処方箋を考える基準も違ってきます。しかし民主政治の仕組み論としては、イギリスの議会制とアメリカの大統領制に立《た》ち戻《もど》って考えるのがなお基本といえるでしょう。

最後に忘れてはならないことは、近代の民主政治は古代のそれと異なり、各人の自由と平等に基礎を持ち、道義的な強さを同時に持っている点です。誰でも意見を言うことができるし、聞いてもらう可能性があるということは、大きな特徴です。一言で言えば、人間の持っている基本的人権に適合する政治の仕組みは、民主政治しかないのです。しかし、民主政治は、歴史の現実の中で諸課題を解決し、問題を処理していかなければならない統治の仕組みでもあります。その中には経済問題もあれば、国際関係もあります。しかも、やっかいなのは、短期的によさそうな解決策も、長期的にはとんでもないマイナスの効果をもたらすことがあるということです。

民主政治は道義的に圧倒的な強みを持っていますが、そのことは、諸々《もろもろ》の難問に対する問題解決能力を直ちに保証することになるでしょうか。道義的な強さを持っているとしても、直面する大きな課題の解決に失敗するならば、それは信用を失うことにならないでしょうか。実際、歴史を見るとそうしたことが起こったこともあります。ファシズムやクーデターなどが起こるのはその一例です。道義的にも強みがあり、しかも、諸問題の解決においても信頼《しんらい》できる民主政治を持つことができれば、もちろん幸せなことです。しかし、そうした民主政治を実現するためには、多大の努力と工夫と、そして時には幸運も必要になるのだと思います。

〈コラム2〉 日本の参議院について

日本の国会は、衆議院と参議院という互いに独立した二つの院を合わせたものです。首相の指名、予算案の決議、条約の批准《ひじゅん》において衆議院は参議院に対して優越《ゆうえつ》した権限を持っていますが、法律案の審議においては、二つの院は全く平等の権限を持っています。衆議院で可決した法律案が参議院で否決された場合、それぞれの立場を代表する二つの院の代表者による両院協議会の開催が定められていますが、これは二つの院の対立を克服《こくふく》するには不十分な仕組みです。また、この二つの院の議員は非常に似た選挙制度によって選ばれますが、最大の違いは、衆議院には解散があるのに対して参議院にはそれがなく、しかも、三年に一回半数を改選することが憲法で定められていることです。一言で言えば、衆議院は政治の動向に対して柔軟《じゅうなん》に対応する仕組みになっているのに対して、参議院は「動きにくい」、硬《かた》い仕組みで支えられているといえます。

内閣を組織し、政権を運用するためには、両院で過半数の議員の支持を得ることが必要になりますが、歴史的に見ると、参議院での多党化現象（一つの政党が過半数を持っていない状態になること）が連立政権を生み出してきたというのが現実です。参議院の議席数は少なくとも三年間変わりませんし、半数の改選ですから、三年経《た》っても大きく変わらない可能性があります。つまり権限上は「衆議院の優越」が教科書で言われるにもかかわらず、政治の動向は「参議院の優越」であるというのが日本の二院制の「ねじれ」現象です。実際に、歴代の首相の何人かは参議院選挙での敗北を理由として辞任する、ということが起こりました。

二〇〇五年八月、小泉首相は郵政民営化法案が参議院で否決されると、「国民の意志を問いたい」として直ちに衆議院を解散し、総選挙で大勝しました。総選挙後、参議院は民営化法案に賛成し、両院の対立に終止符《しゅうしふ》が打たれました。これは日本の二院制をさながら一院制のように運用する企てに見えますが、いつでも実行できるやり方ではありません。郵政民営化法案が参議院で否決されたのは、自民党の参議院議員が自らの党の首相の意向に対して反旗を翻《ひるがえ》したためであり、与党《よとう》内がまとまっていれば最初から成立したはずでした。その後の総選挙で首相が大勝したため、参議院で反旗を翻していた自民党議員が意見を変え、法案は可決されることになったのです。もし、参議院で野党が多数を占めていたならば、衆議院を何度解散し、何度選挙に勝っても法案が成立したかどうかは分かりません。このように二院制の壁《かべ》は厚く、政治における「参議院の優越」は憲法を変えない限り、これからも続くことになります。言うまでもないことですが、憲法を変えるためには、参議院総議員の三分の二以上の賛成が必要です。

第三章　「みなし」の積み重ねの上で民主政治は動く

「はじめに」でも述べましたが、何百万、何千万という人々が政治に参加し、一定の時間内に意思決定を行うというのは、気の遠くなる話です。そこで、それを容易にするための仕組みの開発が必要になります。この約束事としての仕組みの内実を点検し、そこにある課題を明らかにしてみましょう。

1　代表と代理

人民を代表するとは？

代表制の登場は、直接民主政の抱《かか》える難問を解決しましたが、同時に、「代表とは何か」という別の難問を生み出しました。ルソーが「一般《いっぱん》意志は代表されえない」として、代表制に反対したことは前章で述べました。そのルソーは、代表者は「人民の使用人」でしかなく、従ってそれ自身何一つ重要な決定はできないとも述べています。確かに、人民が直接に意志表示をする仕組みは、代表につきまとう難問を避《さ》けることが出来る点で非常に魅力的《みりょくてき》です。もちろん、その人民が正しい判断力を持っているかどうかを別にすればです（この問題は次の章で扱《あつか》います）。同時に、代表者を「人民の使用人」であるとする考え方には、代表を代理に読《よ》み替《か》える姿勢が見られます。「代表とは何か」を考える出発点として、代理との違《ちが》いがしばしば議論になるのです。

代理は民法でも規定されているように、われわれの日常生活で広く用いられています。その基本的な特徴《とくちょう》は、代理人があくまで本人のために行動すること、それを前提にして、代理人の行為《こうい》の責任を本人が引き受けるということです。これは政治的に言えば、本人の指示に従って代理人は行動すべきであること、その意味で代理人が自主的に行動する余地が極《きわ》めて狭《せま》いことを意味します。ルソーのいう、代表者は「人民の使用人」であるという言葉には、こうしたニュアンスが込《こ》められていました。判断をするのは本人、すなわち人民であって、代理はそれを伝達し、それに適合的な意志表示をする役割に徹《てっ》することになるというわけです。

しかし、少し考えてみると分かるように、個人間の代理関係と政治的なそれとは単純に同じではありません。個人間の代理関係において、本人は特定の個人（自然人）であり、その意志はそれなりにはっきりしたものと考えられます。これに対して、政治の舞台《ぶたい》においては、「誰《だれ》が本人であるか」「どのようにしてその意志を確認《かくにん》するか」は、そう単純なことではありません。

人民という言葉は、わかったようで最もわからない言葉です。それは個人のようにはっきりした輪郭《りんかく》を持ったモノではなく、多かれ少なかれ抽象《ちゅうしょうてき》的な概念《がいねん》であり、作り出されなければならない存在だからです。もっと言えば、人民を目に見える存在、はっきりとした意志を持った存在として描《えが》くことは難しいのです。ルソーが人民主権を現実のものであらしめようと、民会の実現可能性に執拗《しつよう》にこだわったのはそのためでした。民会というものがなければ、人民は一挙に抽象的な概念《がいねん》になり、下手をすれば雲散霧消《うんさんむしょう》してしまうか、権力者が自分の都合の良いように勝手に自由自在に援用《えんよう》できる、便利な「打出の小槌《こづち》」になってしまうからです。

直接民主政の強みは人民をあくまでも見えるものとして現存させることによって、それを雲散霧消させないようにした点にありました。直接民主政を採用することなく、しかも、人民を人民にならしめるための手続きとその意思表示の手続きを作らないとしたら、その代理などといったことは甚《はなは》だ「怪《あや》しい」、漠然《ばくぜん》とした話になってしまいます。ただし、仮にそうした手続きを作ったとしても、それが実際に作動するか、複雑な問題を取り扱うにふさわしい柔軟性《じゅうなんせい》と機動性を持てるかどうかは、疑問があるでしょう。インターネットの発達によって、直接民主政的な代理が復活することを指摘する意見も見られますが、そこには依然《いぜん》として大きな限界があります。

代表は代理に比べると、代表者がより自由度を持ち、いちいち指令に従って行動しなくてもよいという点に特徴があります。一言で言えば、代表者は代理人よりもより能動的であり、裁量の範囲《はんい》が広いのです。その分、「本当に代表しているのか」「何を代表しているのか」がいつも問題になります（第二章を参照）。

代表制が機能するためには、とりあえずであれ何であれ、代表者が人民なり国民なりを、代表していると「みなす」ことが不可欠です。これがあって初めて、代表者は決定を下し、物事の処理をすることができます。「みなす」ことをしないとそもそも代表制が動かないからだ、という消極的な理由もありますが、『ザ・フェデラリスト』のように、代表者が人民にはない「賢明《けんめい》な判断力」を持っているというように、積極的なプラスの意味を認める立場もあります。この代表者は本人（人民）よりも賢明で、本人以上の洞《どう》察力《さつりょく》を持つという議論は、代理の議論からは絶対に出てこないものなのです。

しかし、この「みなす」という考え方にも、落とし穴がないわけではありません。つまり、それをあまりにルーズに考えると、いたずらに代表者や統治者を弁護する議論になってしまうからです。「あらゆる権力は世論に依存《いぞん》する」という有名な言葉がありますが、どのような独裁者でも、自分が本人（人民）の代表者であると「みなされたい」という願望を持っています。実際に、自分の独裁政権は「人民のためのもの」であるという言い方によって、この「みなし」の論理を使おうとする試みを繰《く》り返《かえ》し行ってきました。「人民のための独裁者」という言い方も決してないわけではないし、かなりの頻《ひん》度《ど》で歴史の中に登場します。例えば、二十世紀の共産党政権は、「人民のための政権」であることを言い続け、人民民主主義という新たな用語を作り出しました。しかし、代表制民主政の主張が独裁政権の弁護のために用いられるというのは本来おかしな話です。

その原因は、「みなす」という用語をルーズに使ったことにあるのです。

このように代表制は、「みなす」の論理を内包しながら、他方でそれがあまりルーズにならないよう歯止めをかけなければなりません。そこで直ちに念頭に浮《う》かぶのは、国民が直接投票によって、自らの代表者を選ぶ手続きを必ず組み込むことです。つまり、「人民のための政治」だけではなく、「人民による政治」の要素を「みなす」ことの前提条件にすることです。つまり、この条件抜《ぬ》きに、一方的に（勝手に）「人民のための政治」を唱えるだけではダメだということです。そして、選挙はこの「みなす」ということの意味を実質的なものにし、それを限定する上で大切なのです。

選挙――政策と選択《せんたく》のための環境《かんきょう》作り

しかし、これで問題が全て片づくわけではありません。というのも、選挙が意味を持つためには候補者がいなくてはなりませんが、一人しか候補者がいなかったり、特定政党しか候補者を出すことができないような場合（法律で禁止されているか、事実上出来ないようになっている場合は別にして）、その選挙は意味があるのかということになります。

これは複数の候補者がいて、その中で特定の候補者が圧倒的《あっとうてき》に強いといったこととは別のことです。ここでは、個々の選挙区事情はいろいろあるとしても、全国的に公平な競争が繰り広げられること、有権者が実質的に「選択」できることが大事な条件になります（言論の自由、結社の自由などがなければならないのは当たり前ですが）。

このように「人民による政治」は、公平な競争（その担い手は政党です）と一体のものとして考えられなければなりません。この競争は、誰を国民の代表者であると「みなす」かについての、政党のセールス合戦ともいわれてきました。実質的なセールス合戦のためには、しかるべき数の政党が互いに公平に競争しなければなりません（いわゆる複数政党制）。選挙は「みなし」過程における、最大の公式イベントなのです。

そうなると、選挙は政策を選択するというよりは、誰を、あるいはそれを通してどの政党を自分たちの代表と「みなす」かをめぐって、政策の担い手を選択する場となります。しかし、先にも述べたように、選挙は国民の意志表示の機会ですが、それも候補者あっての話です。候補者の提供を含《ふく》め、政党などが選択のためにどのような環境作りをするのかが非常に大事なのです。

日本の選挙のように、候補者の宣伝カーが候補者の名前を「連呼」するのが環境作りと考えるのか、それとも一部であれ、政策をめぐる実質的な政策論議がなされるかで、この選択環境は大きく違ってきます。政治的意見の表明が自由にできないようなところでは、選択が極《きわ》めて歪《ゆが》んだものになるのは当然です。また、買収供応などが日常茶飯事《さはんじ》に繰り返されているようでは、選択は「票の売買」に変貌《へんぼう》してしまいます。他方で、不正行為をなくそうとして規制を強めれば、選挙運動が何も出来なくなり、「連呼」の連発になりかねない。ですから、選挙のルールを定めた法律（日本でいえば、公職選挙法）の内容がどうなっているのか、さらにはマスコミがどのような役割を果たすのか、こうしたことが相まって、選択のための環境整備が初めて進むことになります。この環境改善の努力を怠《おこた》ることは、選択の質の劣化《れっか》につながることはいうまでもありません。

選択に当たっては、政策が考慮《こうりょ》に入らないわけではありません。たとえて言えば、政策は品物の中身であり、それ抜きにイメージ（包装その他）だけでは選択として十分ではないということです。政権公約（マニフェスト）などの重要性が叫《さけ》ばれるのはこのためであって、日本でも政党だけではなく、地方の首長選の無所属候補もこれを配ること

○山×太でございます
○山×太
○山×太
名前だけではどんな政策をもっているかは……
よくわからん
こりゃいかん
伝わっとらん!
ワシの公約を……
パンフレットに
マニフェスト
インターネットに
公開して幅広く知ってもらおう!!

ができるようになりました。

ところが一般には、マニフェストを政治家個人の「願望の羅列《られつ》」（英語で言えば、ウィッシュ・リスト）と考える向きがなお見られます。しかし、マニフェストは「願望の羅列」とはまったく違います。マニフェストはあくまで、具体的な政策の実行を前提にして提案したものであって、財源（政策にはお金がかかります）や期間（一年後と百年後では話が全く違います）などについての数値などが含まれていなければなりません。言《い》い換《か》えれば、「スーパーマンの計画」ではダメだということです。

従って、それは「思いつきの羅列」であってはならず、十分な議論の上に立ったものでなければならないのです。選挙の時には美辞麗句《れいく》を並べ、選挙が終わると勝手気ままな行動をするというのは、代表者が詐欺的《さぎてき》行為をするに等しいことです。そうした行為に歯止めをかけるのがマニフェストの意義であって、そこに初めて政策論議とそれに対する評価、さらにはそれに伴《ともな》う政治責任の問題が議論され、「積み重ね」の議論ができるようになるのです。何を約束したかがそもそも分からなければ、責任の問題はきちんと議論できません。議論ができなければ、それだけ選択環境がいい加減で漠然としており、品物の中身よりも包装がとかく幅《はば》を利《き》かせる世界で、政治が行われることを意味します。

もちろん、政治を判断する場合、政策だけが基準になるわけではないですし、マニフェストで約束したことだけで、政治が十分に役割を果たしたことになるわけではありません。実際、政治は予期しない難問に直面し、それを処理しなければならないからです。しかし、政治が政策と無関係に評価されるのは正常ではなく、一種の堕落《だらく》現象です。そうしたところでは、「みなし」の選択はますます実質的な空洞化を免《まぬが》れません。それこそ行き当たりばったりの、訳の分からない選択になってしまうのです。

選択のための環境の良《よ》し悪《あ》しは、長い年月の間に非常に大きな違いを生み出します。政治は時間の中での「積み重ね」の作業であり、それが政治への信頼感《しんらいかん》を生み、さまざまな危機を乗り切ることもできるようになります。「積み重ね」の仕組みがあるかないかで、成果はまったく違ったものになるのです。ですから、そのための環境を不断に改善していくことが大切であり、これもまた政治活動の一部なのです。

2 「代表する」と「代表させる」

選挙民を代表するとは？

代表に「みなし」の要素がつきまとうのは避けられないとして、そこで考えるのをやめてはいけません。「みなし」の要素があるということは、代表者や国民の側に裁量や工夫《くふう》の余地があるということですから、そこを吟味《ぎんみ》してみる必要があります。

代表する側については、誰を代表するのかということ、典型的には国民を代表するのか、選挙民を代表するのかが問題になります。憲法の定めるところによれば、国会議員は国民の代表者です。しかし、実際はどうでしょうか。かつて日本の国会議員は、自分を選挙民の「御用《ごよう》聞き」「東京への使者」としてアピールしようとしたものです。こうした議論には、代表を代理に近づけるような雰囲気《ふんいき》があります。選挙民の「御用聞き」の集まりが政党であり、国会であるとすると、日本政治は選挙民民主主義（私は当時、「地元民主主義」とこれを呼びました）の雑居物になってしまいます。地元さえよければよく、選挙民の要望さえ満たせば国民がどうなろうと知ったことではない、という議論は選挙民の代表であることを端的《たんてき》に表現したものでした。もちろん、選挙民も国民の一部であるので、選挙民を代表することは国民を代表することになるという議論はできますが、それだけで十分な説得性があるようには思えません。

他方で、選挙民に向かって「私はあなた方の意向を代表するのではなく（その意向に反してでも）、国民を代表するつもりである」と言うのはどうでしょうか。そうした候補者が果たして当選できるかどうかを別にしても、その場合の国民とは誰のことか、どんな国民を代表しようとするのかが問題になります。選挙民が直ちに国民でないことは分かるとして、国民とは「選挙民でない」という以上のことを意味することができるでしょうか。

選挙民民主主義も実態にそくして考えると、それほど判然としたものではありません。選挙民を代表するというのは、そう簡単なことではないのです。しかも、「御用聞き」ともなれば、代表者の側が選挙民のもとへ出向いていって、ご意向を聞くことも含まれます。しかし、本当に選挙民の関心や利益が何かを確定するのは、真面目《まじめ》に考えれば大変なことです。そもそも選挙民が自分で何を考えているかが怪しいですし、それを「鏡に映したように」納得《なっとく》いくまで明らかにすることは事実上できません（地元世論調査が忙《いそが》しくて、国会に出てくる時間がなくなってしまいます）。それでも代表者がノイローゼにならないで済むのは、幾つかの前提があるからです。選挙民を代表するということは、実際には多くの場合自分の選挙を応援してくれた人々の意向に耳を傾《かたむ》けるということであり、それは「代表したい人々を代表する」ことに帰着します。従って、「代表する」ということは選挙民の選別を踏《ふ》まえた上の話なのです。

もちろん、選挙の安全を考えれば、当初は自分を支援してくれなかった人々にも「御用聞き」の範囲を拡《ひろ》げることは十分に考えられます。小選挙区制のように、できるだけ広範な選挙民の支持を得る必要が高い選挙制度においては、そうした対応策はむしろ必要です。

日本で選挙民民主主義が最も高らかに擁護されたのは、中選挙区制の時代であり、そこでは自民党の候補者が、それぞれ特定の利益集団群を傘下《さんか》におさめることだけで選挙に勝てた時代でした（支持者の範囲を拡げるよりも、その内部を固めるのが選挙の中心テーマでした)。それによって、「御用聞き」はますます念の入ったものとなり、代表者の側が選挙民に「道路やトンネルが欲《ほ》しくないか」と誘導《ゆうどう》する、利益誘導政治が繁茂《はんも》したのです。

政党と選挙制度の役割

個々の議員が国民を代表するか、それとも選挙民を代表するかについて苦悩《くのう》しているというのは、話をあまりに単純化するものです。議会制の場合であれば、議員たちは政党の一員として行動し、それによって初めて政権運営にあたることができます。政権運営に与《あずか》ることができなければ、約束事はほとんど実現できません。政党は議員たちが一定の政策目的や主義主張を掲《かか》げ、集団で国民を代表することを試みるものです。この集団に属することによって、国民と選挙民のどちらを代表するかといった問題から議員たちは(相当程度)解放されます。その分、議員たちは政党の主張と選挙民の要望との間で「板ばさみ」になることもありますが、それは先の解放に伴うコストなのです。

政党は国民を代表するための組織であり、何を根拠に国民を代表するかに応じて複数の政党が活動しています。その際の非常に重要な点は、議員たちが政党あっての議員と考えるか、それとも議員の単なる寄せ集めとして政党を考えるかです。政党あっての議員ということであれば、政党の紀律が議員を縛《しば》ることになり、ある選挙区の候補者が地《ち》縁《えん》のない「落下傘」候補であることは珍《めずら》しくないことになります。二〇〇五年の郵政選挙において、郵政民営化法案に反対した議員たちが公認候補から外され、多くの新人たちが「落下傘」候補として登場したことは、周知の事実です。これは、国民が選ぶのは政党とその政策であり、誰が選挙区の候補者になるかはあくまで二の次の問題であるという考えの現れです。イギリスがその典型と考えられています。

しかし、政党が議員たちの寄せ集めでしかないとすれば、政党は甚だ曖昧《あいまい》で求心力を持たないことになります。政党の求心力が弱いために、実質のある政権公約（マニフェスト）も作れません。ここでは個々の議員たちの発言力が強く、彼らは自分の選挙民の意向に極めて神経質です。従って、マニフェストを作ろうとしても、これらの議員たちの要望をホッチキスで留めたもの以上にはなりません。またこの場合、政権は与党との関係において不安定で、派閥《はばつ》その他の内部抗争《こうそう》によって、たらい回しされることになります。

このことは政党が十分な統治能力を持たないという指摘《してき》につながり、国民が政策の責任者を直接選ぶようにする大統領制の主張など、さまざまな政治の仕組み論に発展していきます。十九世紀から二十世紀にかけてのフランスや二十世紀後半のイタリアなどはその例です。また、戦後の自民党にもこうした傾向《けいこう》がかなり濃厚《のうこう》に見られました。フランスが大統領制を加味した新しい政治体制に移行したのも、日本で一時期首相《しゅしょう》公選制が盛《も》り上《あ》がったのもそのためでした。このように「代表する」という問題は、政党のあり方と深く関係しているのです。

もう一つ、「代表する」という問題と密接に絡《から》むのが、選挙制度です。まず、注意しなければならないのは、民意を「鏡のように」反映するような選挙制度は、そもそも考えられないということです。社会保障政策や税、外交や教育など全ての面での多様な民意を反映できる選挙制度は不可能なのです。これは少し考えれば分かることです。私は「みなし」の論理が暴走するのを防ぐために、選挙という手続きが重要であると述べましたが、実は選挙そのものも、民意についての大規模な「みなし」イベントなのです。

世論の実像については次の章で述べますが、そもそも有権者に出来ることは、与《あた》えられた候補者の間での選択でしかありません。「不毛の選択」であろうとなかろうと、この現実は変わりません。この点からしても「みなし」であることは明白です。また、膨《ぼう》大《だい》な数の有権者が棄権《きけん》している事実も、それを補強する要素であると言えます。投票率が仮に六〇パーセント台後半であっても、三分の一の有権者は意志表示すらしていません。「国民の審判《しんぱん》が下った」という新聞の見出しは嘘《うそ》ではありませんが、あくまでこうした条件付なのです。

現在の日本の衆議院の選挙制度は、小選挙区と比例代表制の並立型といわれます。小選挙区制は「あれか、これか」の判断を有権者に迫《せま》る選挙制です。勝てば全て、負ければゼロです。もし二つの大きな政党が小選挙区制の中で政権を争うとすれば、国民は事実上政権を選んでいることになります。しかし、少数勢力の影響力《えいきょうりょく》が無視されるため、議席数に反映されない票（死票）が実に多いのです。これに対して、比例代表制はそれぞれの政党に対して、得票数に応じて議席を配分するような選挙制度です。ここでは「あれもあるし、これもある」という雰囲気の中で選択が行われます。結果として、多

小選挙区制
これでしょう
これじゃろう
どの党に座らせるか
△党
○党
□党
×党
☆党

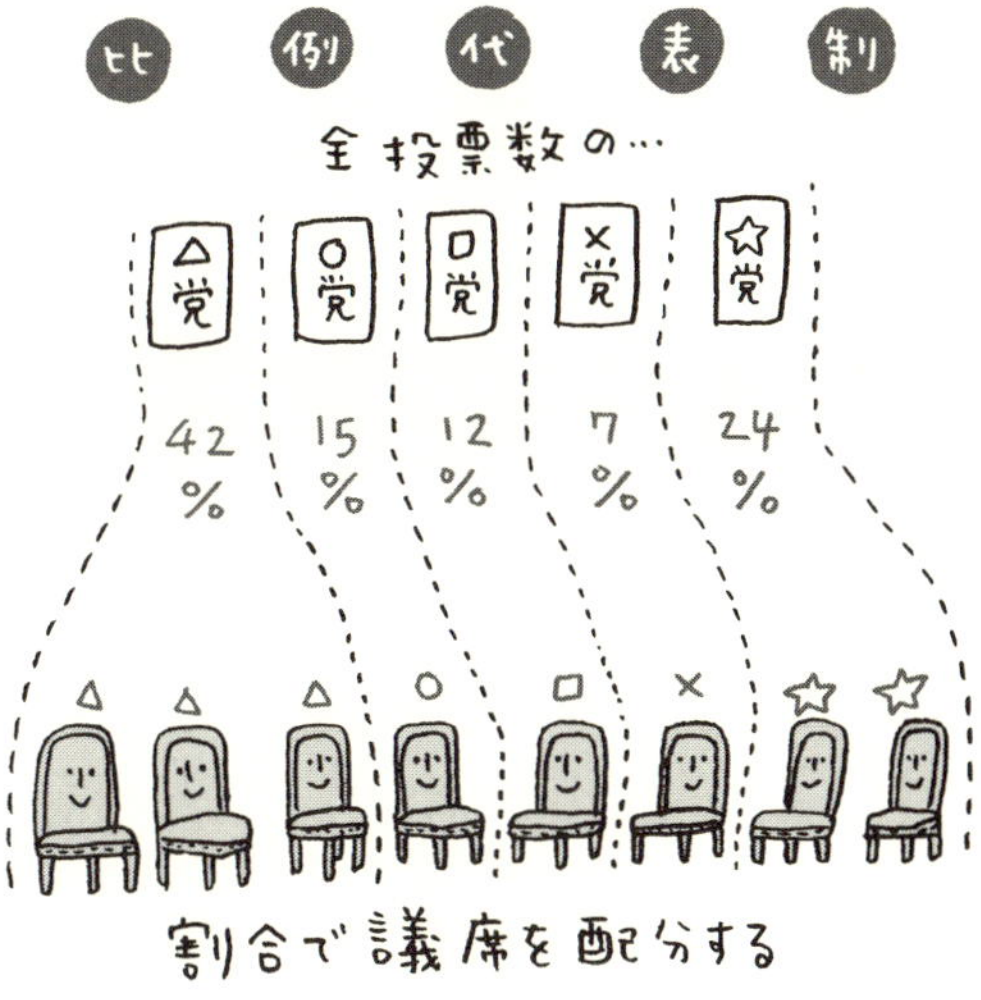
比例代表制
全投票数の…
△党
○党
□党
×党
☆党
42%
15%
12%
7%
24%
割合で議席を配分する

くの政党がそれぞれに自己主張する多党制（あるいは小党乱立）になります。政権は政党間の話し合いで決まり、国民が政権を事実上選択することはできません（連立政権が当り前の状態と言えます）。

現実の選挙制度には、この二つを組み合わせたものなど、さまざまなものがありますが、その利害得失もさまざまです。日本では衆議院における中選挙区制を廃止《はいし》しましたが、これは中選挙区制では、一つの選挙区から同じ党の候補者が複数立候補できたこと、その結果、政策面での政党の間の競争が阻害《そがい》されたのみならず、候補者個人の選挙民に対する「サービス合戦」が、際限なく行われたことなどに原因がありました。一言で言えば、派閥選挙、金権選挙の是正《ぜせい》がこの廃止の趣旨《しゅし》だったのです。

民主政治における「強い少数者」の存在

ところで、選挙は数年に一回しか行われません。その間に世論は変化しますし、内閣に対する支持率も大きく変動します。選挙から選挙までの間の時期、代表制はどのように働くのでしょうか。選挙自身が一種の「みなし」であるとすれば、その後の政治との関わり方が重要になります。私はここで「代表させる」という言葉を使って、代表をめぐる力学がどうなっているか検討してみたいと思います。

選挙がないとしても、強い要望を持つ人々は、政治への働きかけを止めることはありません。しかし、選挙がないということは、政治の側が国民のところに出かけていってその意向を聞くことはなくなったということであり、自分の意向を「代表させる」ためには、それ以上の働きかけが必要になります。つまり、組織を作り、カネを集め、自分たちの意向や利害のために、毎日のように政治に働きかける人員を用意しなければなりません。ここに圧力団体や利益団体、市民団体などの役割があります。彼《かれ》らは受身的に「代表される」ことに満足するのでなく、自らの主張を政治に「代表させる」ために政治に積極的に働きかけます。一般の有権者の受身的な態度と、これらの集団の積極的態度は、政治の政策面での活動に大きな違いをもたらすことになります。

民主政治においては、自らの主張を「代表させる」ために政治に働きかけることを禁じることはできません。しかし何も問題がないかといえば、留意すべき点がないわけではありません。こうした積極的に政治に働きかける動きの背後には、強い主張や意向があります。選挙がない間においては、それらが「国民」の意向を代行するかのように活発に動き回ります。そこには、選挙の時以上に、便宜的《べんぎてき》な「みなし」の論理が入り込む余地があるのです。

そもそもそうした運動が長続きするためには、それに加わる人々にとってメリットがなければなりません。組織を作り、お金を出し合う以上、露骨《ろこつ》に言えば「見返り」がなければならないのです。はっきりした「見返り」なしに運動を続けるのは不可能ではありませんが、そう普通《ふつう》にできることではありません。従って、強い主張や意向といっても当事者にとって「見返り」のはっきりしたものである必要があります。この点で政治全体を動かさなければ実現できないような主張や意向は、あまりに大きな組織力やお金が必要であるため自ずから除外されます。

そこで候補として残るのは、「狭い」ながらも強い利益や要求といったものです。「狭い」ということは、目標と「見返り」がはっきりしているということであり、政治全体を動かす必要もなく、コストの計算もある程度できることを意味します。典型的には「狭い」業界利益がそれです。「国民の全体」に関わる利益ではなく、「見返り」の展望のある「狭い」業界利益こそが、関係者を強力に動かし、資金を提供させる力を持ちます。

これは一見逆説的に見えるかもしれませんが、「狭い」利益政治の頑強《がんきょう》さはここにあります。極端に言えば、「国民全体」に関わる利益は選挙の時に「代表させる」ことができますが、それ以外の毎日にあって「代表させる」チャンスを持っているのは、むしろ「狭い」業界的利益です。選挙の時に物を言うのは多数の意志ですが、それ以外の毎日にあっては、少数者の結束力と組織力が物を言うのです。政治家たちが毎日接触《せっしょく》するのは必ずしも多数者ではなく、正にこうした少数者であることを忘れてはなりません。

政治では多数者の利益ばかりが代表され、少数者は無視されるという声がしばしば聞こえます。確かに民主政治は多数者の意向を離《はな》れては運営できない以上、これは一つの現実です。しかし実を言うと、あらゆる少数者が無視されているのではなく、強烈《きょうれつ》な発言力を持っている少数者が先に述べたような形で活発に動き、執拗にその意向を貫《つらぬ》いているのが現実です。それへの対抗策としては、新たな運動や組織を作ることも必要になります。

また、この観点からすれば、むしろ、選挙で表明された多数者の意向によって、政治をどう現実に拘束《こうそく》するかの方が、実は大きな問題です。選挙の時にはせめて、多数の意思表示をしっかりすることに加え、それが選挙後どのように実現されたかを常にチェックする環境整備が必要になります。いずれにせよ、「みなし」の質を向上させるためにはそれなりのコストと人材を用意し、環境を整備しなければならないのです。

〈コラム3〉 どれだけの票を獲得《かくとく》すれば「有権者の代表」にふさわしい？

選挙では誰が相対的に多くの票を獲得したかで勝敗が決まりますが、仮に勝ったとして、獲得した票数が余りに少ない場合、本当に代表者にふさわしいといえるのでしょうか。

問題は二つあります。第一は、投票率の問題です。最近行われた「あなたは、選ばれた人が「有権者の代表」と認められるためには、投票率は最低何％必要だと思いますか」という世論調査の結果によれば、一番多い回答は「六〇％程度」、次が「七〇％程度」、次いで「五〇％程度」となっています。日本で行われている中央・地方の選挙の中には、投票率が五〇％に達しないものがたくさんあります。日本の公職選挙法は、いくら投票率が低くても「有権者の代表」になれるような仕組みになっていますが、もし、法律で五〇％以下の投票率の選挙は無効であるという定めをおけば、選挙の姿は大きく変わることになるでしょう。「一発勝負」はなくなり、再選挙が頻繁に行われることになるはずです。

もう一つの問題は、相対的に多数を獲得した者が当選者になるにしても、あまりにその得票数が少なければ当選人にはなれないという問題です。現在の法律でも衆議院の小選挙区制においては、有効投票総数の六分の一以上を獲得しなければならないですし、地方自治体の長の選挙では、同じく四分の一以上を獲得しなければならないことになっています。この基準は相当に緩く、小選挙区制の場合、仮に投票率六〇％で考えると、有権者全体の一〇％強の票を獲得すれば当選者になれる仕組みです。仮に、この六分の一を三分の一に引き上げれば随分《ずいぶん》と基準は厳しくなりますし、また、有効投票総数ではなく有権者総数を基準とすれば、同じ六分の一でも意味が全く違ってきます。

「有権者の代表」が簡単に決まるというのは、選挙のコストを少なくする上では効率的ですが、果たしてそれにふさわしいだけの実質を備えているか、一度根本から議論すべきでしょう。これは政党が真面目に選挙に取り組むか、有権者が政治に真面目に対面するかといった問題に関係しているからです。ですから、「有権者の代表」が簡単に決まってしまう仕組みが、双方《そうほう》の政治との取り組みを表面的なものにしていないか、一度吟味すべきです。仮に最低投票率を法律で決めることはしないとしても、例えば、六分の一を二分の一に引き上げればどうでしょうか。ちなみにフランスでは、こうした仕組みに基《もと》づいて、第一回の上位二人の候補者の間で決選投票（第二回投票）を行うという選挙制度を採用しています。

第四章　「世論の支配」――その実像と虚像《きょぞう》

民主政治は、「世論の支配」とほとんど同じ意味で考えられてきました。しかし、こうした言《い》い換《か》えによって何かが明らかになるでしょうか。「世論の支配」を十分に点検し、それを実効性のあるものにする方法を探《さぐ》ってみましょう。

1　「世論の支配」を考える

世論はモノのようなものか？

新聞にほとんど毎月世論調査が載《の》ります。すると、内閣の支持率の上昇《じょうしょう》や下降が話題になり、さらには個々の政策に対する世論の賛否が明らかになります。政治はそれを横目で見ながら、運営されることになります。しかし、ここで世論を代表して意見を聞かれているのは通常数千人規模の人々であり、一生に一度も世論調査の対象にならない国民が大多数と考えてよいのです。国民の大多数は、「自分は意見を聞かれたことがない」と感じています。ということは、世論調査なるものも「みなし」型の仕組みの一環《いっかん》であるということです。政党もかなり大規模の調査をしていますが、それでもこの現実はそう大きくは変わらないのです。

さらに言えば、調査の質問の作り方によって、調査結果が影響《えいきょう》を受けることも広く知られています。単純に言えば、設問の順番からして結果に影響がないわけではありません。通常、回答は一定の数の選択肢《せんたくし》から選ぶ形で進められます。そのため、選択肢の言葉づかいや内容によって選択はある程度方向付けられることになります。一言で言えば、そこには調査する側による誘導《ゆうどう》の余地があるのです。

つまり、世論調査は世論を「鏡のように」映し出すものであるというよりは、一定程度調査する側の意図が反映する（「操作する」とまで言わないとしても）可能性を含《ふく》んでいるのです。一見精緻《せいち》な調査に見えるものにも、こうした可能性が入《はい》り込《こ》む余地があるのです。また、「あれか、これか」の聞き方をするのか、それと並んで「どちらかと言うとあれ又《また》はこれ」という回答を残すかで、結果のイメージが大きく変わってきます。

本当は「あれか、これか」を聞きたくても、こうした調査は長期的なトレンドの変化に着目するものですので、一度設定した質問を簡単に変えるわけにはいかないのも実情です。その他、どの時点でどのような調査をするかも、調査する側の裁量があり、その政治的影響もそれによって大きく左右されることになります。

こうした現実は「世論の支配」というものが決して単純なものではなく、中には相当に厄介《やっかい》な問題を抱《かか》えていることを示唆《しさ》しています。民主政治が制度的に実現して以来、最も大きな議論の的になってきたのは、正に「世論の支配」の実態でした。「世論の支配」という言葉自身、世論というものが厳然として「存在」しているというイメージを反映しています。極端《きょくたん》に言えば、世論はさながら一つのモノのような形で、その後光が四方八方に発射されているようなものとして「存在」しているといったイメージです。それは民主政治の光《ひか》り輝《かがや》く「ご本尊」とでもいうべきものです。

ここから、代表者たちがこの「ご本尊」の意向を推察し、その指令を着実に実行に移すべきだという民主政治論が出てきます。代表は、代理にほとんど解消してしまうような「世論の支配」のイメージです。さらには、この「ご本尊」は政策課題について正しい判断力を備えており、その忠実な実行は国民の利益に合致《がっち》するという信念とも事実上結びついていました。

この光り輝く「ご本尊」の支配としての、「世論の支配」という考え方がどの程度あったのかはよく分かりませんが、そうした素朴《そぼく》な発想が民主政治論の中に流れ込んでいたことは事実です。しかし、政治の理論家の中で、こうした素朴な議論の信奉者《しんぽうしゃ》が本当はどれ程いたかといえばそれは大いに疑わしいのです。人民主権の使徒とされるルソーにしても、人民がよく判断を誤ることに心を痛めましたし、ましてや『ザ・フェデラリスト』などからすれば、こうした民主政治のイメージは、「ないものねだり」の最たるものであったに違《ちが》いありません。

十九世紀を代表する民主政治の理論家であった、J・S・ミルが最も警戒《けいかい》したのは、「世論の圧制」でした。従って、私が先に紹介《しょうかい》したような「世論の支配」のイメージは、それを批判し、再吟味《ぎんみ》することを意図した理論家が「創作した」反対モデル（当然のことながら、マイナス・モデル）であるという疑いがあります。意地悪く言えば、自分の主張を際立《きわだ》たせるためには、その引立役の案山子《かかし》が必要だったのではないでしょうか。そうかどうかは読者の判断を仰《あお》ぐしかないのですが。

人間の判断基準と世論の関係

十九世紀から二十世紀にかけて、民主化の結果として大衆（mass）が登場してきます。これはミルをはじめ多くの人々が心配していたように、合理的な政治判断を期待できない人々の登場を意味し、十九世紀の知識人が共通に抱《いだ》いた警戒感でした。功利主義であれ何であれ、合理的な原則に基《もと》づいて大衆が判断することをどこまで期待できるか、これが二十世紀初頭の一つの中心的テーマだったのです。これは、人間をどこまで理性的な存在――目的（利害）と手段（政策）との関係について合理的に考える能力がある存在――と考えられるかということを意味しました。

心理学の登場という背景の中で、当時は人間の非合理性の「発見」が学界の一つの流行となっていました。そうした中で、政治の世界に見られる人間の実像を求める研究が始まります。そして、人間は目的と手段の関係を合理的に考えて政策を判断するような存在であるよりも、本能や衝動《しょうどう》、性向、さらには習慣といったものによって支配されたものとして現われたのです。

彼《かれ》らの分析《ぶんせき》によれば、現実政治においては、愛憎《あいぞう》が大きな支配力を持ち、これに比べれば推論や討論はほとんど無力の状態です。そもそも言葉自身、人々の認識《にんしき》を高めるために使われるよりも、それを操作し、歪《ゆが》めるために使われています。ここでは、言葉は衝動へ訴《うった》えて人々を動員するために用いられているのであって、合理的な議論のための道具ではないのです。この「本能と衝動の束」のような大衆には、政治家の「旧友のような微笑《ほほえみ》」に受身的に反応することはできても、それを自らの判断に従ってコントロールする期待は持てません。政治家を自らの代表者としてコントロールするどころか、政治家たちによって「操作される」存在でしかありません。政治の現実がそうであるとすれば、「世論の支配」は無意味なものとなるのです。

リップマンの『世論』（一九二二）という作品は、こうした二十世紀前半の「世論の支配」に対する幻滅《げんめつ》の典型的な現れです。先に述べたような、後光の差した「ご本尊」としての人民、公衆の存在が、ここでは完膚《かんぷ》なきまでに否定されます。人々が政治に興味を持つのは、スローガンか政治家でしかなく、複雑化する政治環境について十分な情

世論調査によると
2人に1人はマンガを持っています
ひとりじめはよくないよ！
テレビはそれでいいって言ってるもん

世論の悪用

報を得た上で判断をするということは、全く期待できません。人間は「自己中心的」な存在であり、自分に関係のある事柄《ことがら》には合理的に判断することができますが、政治は遠い世界の出来事であり、それについての認識や判断は心許《こころもと》なく、偏見《へんけん》や習慣によって支配されているというわけです。

では、複雑化する政治について、十分な情報を得て合理的な判断を下すことができないのは、時間とお金がないためでしょうか。「それは違う」と彼は回答します。人間は複雑な物事については、「見てから判断するのではなく、決定してから見る」という傾《けい》向《こう》を持っているからです。人間は複雑な物事を見る際に、一定のメガネ（これを彼はステレオタイプと呼びました）をかけて見て、判断を下します。ステレオタイプは人間が生まれると定着し始め、人間そのものと切っても切れないものとなるのです。そして、それが見ようとする対象の選択を予《あらかじ》め決めてしまうために、複雑な現実を公平に冷静に、それ自身として観察するということは、人間には期待できないことになります。人間の知覚はステレオタイプに閉じ込められ、それによって知的エネルギーを節約し、見慣れたものを見て安心感を抱きます。ステレオタイプが支配する限り、世論は習慣や偏見と見慣れた世界から離《はな》れることができず、その合理性は到底《とうてい》期待できないのです。

新聞などのメディアは、ステレオタイプを補強することには役立っても、それから人間を解放する力を持ちません。人間は楽しみを味わうために新聞を読むのであって、ステレオタイプに一致しない新聞を読もうとしないからです。かくして、世論は合理的な人民の意志とは無縁《むえん》なものであり、その真の製造元は政治指導者です。大衆は、政治指導者がステレオタイプを念頭にして選んだ選択肢に対して「イエスかノー」を言うだけであり、人民による自己統治という民主政治の原則は限りなく幻影に近づいていく、というわけです。

もし世論が、後光の差す「ご本尊」として存在しているのではなく、本来それに従うべき政治指導者が逆に「製造」したものであるとすれば、「世論の支配」は幻影に過ぎないものとなります。それは自己統治という幻影を振《ふ》りまく点で、民主主義はかえって始末の悪いものになります。「世論の支配」が、いわば内側から崩壊《ほうかい》してしまうからです。それと同時に、こうした議論は政治指導者の役割を積極的に認める方向へとつながっていきます。世論が「存在」するモノではなく、多かれ少なかれ「作られるもの」であるとすれば、それに関与《かんよ》する政治家集団のあり方、それらの間の競争条件などが重要になってきます。世論を「ご本尊」のように神聖化する発想は、政治家の役割を極《きわ》めて受身的に考えてきましたが、それが大なり小なり逆転を始めます。問題はその逆転がどこまで及《およ》ぶかなのです。

2 エリート主義と大衆の愚弄《ぐろう》

エリート vs. 大衆の二重構造

この政治指導者重視への逆転が極端に行けば、大衆は自らを「代表させる」能力がないもの、専《もっぱ》ら政治指導者によって操作されるものに変わっていきます。大衆は純粋《じゅんすい》に受身的な存在であり、自己統治などは初めから論外のものとなります。そこから、歴史を支配するのは常によく組織された少数の指導者たちであり、大衆は常に操作される存在であり、遂《つい》には政治の主役になることができないという議論へとつながっていきます。こうした「少数者支配の鉄則」を掲《かか》げる立場は、エリート主義と呼ばれます。それは政治的平等と民主化、さらには社会主義の高まりに対する意識的な対抗《たいこう》理論として登場してきました。

彼らによれば、あらゆる社会には支配する階層と支配される階層とがあり、前者は常に権力の独占者《どくせんしゃ》として現れます。多数をなす後者は、これに対して全く無力です。彼らは永久に自己統治の能力を持ちません。従って、歴史は少数の支配者グループの間の戦いであり、その変化はある支配者グループが、別のより活力のある支配者グループによって取って代わられるということですが、決して多数者が支配するようになることはありません。かくして歴史は、「エリートの還流《かんりゅう》」として現れることになります。

このエリートの支配において興味深いのは、この少数者による多数者の支配が、決してむき出しの力にのみ依存《いぞん》しているわけではないとされている点です。多数者、すなわち大衆はさまざまな政治的公式や政治的原理、さらにはイデオロギーに進んで従いますが、実はこのことを利用してエリートの支配が行われています。この政治的公式や政治的原理の中には民主政治の公式――「世論の支配」や政治的・社会的平等とかいったもの――も含まれますし、社会主義的平等の理念も含まれます。

つまり、少数者による支配の現実とは明らかに違った内容を持つ政治的公式もまた、現実には流通していて、そのことは一向に構わないと彼らは言うのです。というのも、こうした政治的公式は「支配の道具」でしかなく、少数者の支配という現実を隠蔽《いんぺい》して、支配を容易にする役割を果たしているからです。彼らによれば、政治的な公式は、科学とは無縁の形而上学的《けいじじょうがくてき》偏見や妄想《もうそう》の類《たぐい》であり、「一つの神話」「大いなる迷信」とされます（王は神から支配権を与《あた》えられたといった王権神授説と、そんなに違うものではないといいます）。これにより、政治的公式に従って服従する大衆と、それを「支配の道具」として実質的に支配する少数者という二重構造がここにくっきりと現れます。

「宣伝」と「テロ」による統治

このエリート対大衆という構図は、二十世紀前半において非常にポピュラーなものとなりました。ある学者はエリートを政治人、すなわち、権力追求者と定義し、エリートになるために求められる条件を、次のように論じました。まず最も大切なのは、象徴《しょうちょう》を巧《たく》みに操作する能力です。先の議論を踏《ふ》まえて言えば、政治的な公式を巧みに使い、自

ボクたちは
エリートだ〜♪
エリート
ばんざい
エリート
ばんざい
ばんざい
エリートって
言ってるだけやん
加わった方が
いいのかな?

らの立場を強化し、相手を攻撃《こうげき》する能力です。これはやがて、「宣伝」という形をとって現れます。「宣伝」は人間の攻撃心、罪悪感、愛憎などに訴えて、人々を一定方向へと動員する大きな武器になります。世の中が不安定になればなるほど、「宣伝」はますます欠かすことのできないものとなるのです。第二は暴力の巧みな行使です。政治的な闘《たたか》いにおいて、決定的な瞬間《しゅんかん》に相手方の死命を制するような形で暴力を使い、一気に政敵を政治的に破壊することが必要とされます。こうした暴力は、政治的な「テロ」であり、「宣伝」と組み合わせて「テロ」を適切に駆使《くし》することが、エリートの大切な能力とされたのです。エリートによる利益の配分・剝奪《はくだつ》の機能は、これら二つに比べてあまり重要視されていませんでした。

以上に見られるのは、革命と動乱の時代におけるエリートの姿です。言うまでもなく、その背景には、大戦争（特に、第一次世界大戦）によって、それまでの政治や社会の枠《わく》組《ぐ》みが崩壊し、人々が根無し草になったこと、コミュニケーション手段の発達によって情報が人間を動かす「大社会」が誕生したこと、その上、大恐慌《きょうこう》や大インフレによって生活基盤《きばん》が解体したこと、などといった大変動がありました。

　こうした大変動は、社会のまとまりを解体し、「世論の支配」の基盤を事実上破壊しましたが、その一方で、政治指導者に大きな負担を負わせ、さらには彼らに自由度と冒《ぼう》険《けん》の機会を提供したのでした。政治指導者が「世論の支配」を心がけようとしても、階級の対立や世論そのものの分裂《ぶんれつ》によって手の打ちようがなくなり、民主政治の統治能力に疑《ぎ》問《もん》符《ふ》が付けられるようになりました。それは政治的冒険者たちに、絶好の機会が訪《おとず》れることを意味しました。「宣伝」と「テロ」が支配の最も重要な手段として登場してきたのは、そのためです。そして、「宣伝」と「テロ」が猛《もう》威《い》を振るえば、それまでの社会の仕組みはますます解体し、これらがますます欠かせないものになったのです。

　ここに大きな逆転の物語があります。つまり、「世論の支配」から政治指導者の優位へ、そこから政治指導者による大衆の「操作」へ、そして遂には「宣伝」と「テロ」に依存した統治体制の構築へという物語です。政治的判断の基準として後光が差していたはずの世論は全く内実のないものに変わり、「宣伝」と「テロ」に反応するだけのものになってしまいました。政治指導者に残っているのは、大衆への深い侮《ぶ》蔑《べつ》意識です。その一方で、彼らは大衆を動員しつつ、あるいは大衆の支持を演出しつつ、「民主主義的」であるという外観を最大限活用します。しかしこの統治体制を支え、それに方向性を与えているのはあくまで政治指導者であり、極端な場合、それは特定の人物、いわゆる独裁者です。「世論の支配」の破壊の果てに立ち現れたのは「独裁者の支配」でした。

『わが闘争《とうそう》』にみる大衆操作

この独裁者による大衆の見方を、最もあけすけに述べているのが、アドルフ・ヒトラーの『わが闘争』です。彼は、民族主義革命の実現にとって、大衆の掌握《しょうあく》が絶対条件であるということから出発します。しかし、このことは大衆に対する敬意や尊重とは全く無関係です。彼によれば、大衆は英雄《えいゆう》心もなければ知性もなく、単に凡庸《ぼんよう》な存在でしかありません。社会闘争において勝者の後をついて歩くのが精々のところであり、独創性を恐《おそ》れ、優越《ゆうえつ》した存在を憎《にく》むけれども、本当は指導者を欲《ほ》しがっています。大衆を支配するのは、合理的な議論ではなく、憎悪《ぞうお》や熱狂《ねっきょう》、ヒステリーといった激しい感情というわけです。

こうした大衆を掌握するために必要な心理学を体得するのが、指導者の大切な条件だと彼は言いました。具体的には、大衆には二つ以上の敵を示してはならず、唯一《ゆいいつ》の敵（ヒトラーの場合に、それはユダヤ人でした）にその関心を集中するように（強引《ごういん》にであっても）することが「偉大《いだい》な指導者の独創力」だったのです。しかも、繰り返し情熱的に同じことを叩《たた》き込《こ》むことが肝心《かんじん》であって、議論の公平性などといったものはどうでもよいのです。大衆に求められるのは、ただ一つの敵を信じ、その意味での「神話」や「世界観」に絶対的に服従することとです。

「大衆は自然の一部である。彼らが欲しているのは、強者の勝利と弱者の絶滅、全面的な屈服である」と彼は言います。その際、必要に応じて暴力を用いることも躊躇《ちゅうちょ》すべきではありません。宣伝と暴力による大衆の掌握によって、初めて大衆の時代の政治について語ることが出来るという見地から、ヒトラーは公平性や寛容《かんよう》、平等といったものに配慮《はいりょ》するそれまでの政治を徹底的《てっていてき》に軽蔑し、それとの訣別《けつべつ》を宣言したのです。

3 「世論の支配」の意味とは

政治指導者と世論のせめぎあい

これまで述べてきた、「世論の支配」と「独裁者の支配」との大きな揺《ゆ》れを一度検討した後で、この問題をどう整理したらよいでしょうか。この二つの立場は、有権者に対する過度の楽観主義と過度の悲観主義をそれぞれ代表するもの、と言い換えることができます。「世論の支配」を極端に強調する立場は、有権者が政策面を含め、非常に合理的な判断力を確固として備えているという立場に立っています。それに対して、「独裁者の支配」と表裏《ひょうり》の関係にある有権者の姿は、自分の識見なしに非合理的な感情の波間に漂《ただよ》うだけのものでしかありません。この二つの極論の誤りを批判することは、それ程難しいことではありませんが、「世論の支配」についてどこに着地点を見出したらよいかについて、考えてみましょう。

これまでの議論から推測されるように、人々の政治に対する態度は歴史の中で大きく変化するものであって、一律には議論できません。大戦争や大恐慌などによって政治や経済の基盤が一変するようなことになれば、人間は動揺《どうよう》し、社会が深刻な対立と亀裂《きれつ》に見舞《みま》われることは避《さ》けられないからです。「独裁者の支配」が登場したのは、このような環境の中においてでした。これは言い換えれば、大戦争や大恐慌といったものが、民主政治にとってよい環境ではないことを物語っています。そこでは感情が爆発《ばくはつ》し、冷静な政策選択の環境は損《そこ》なわれるからです。

にもかかわらず、イギリスやアメリカ、フランスの民主政治はこの大変動を生き延びることができました。それは一言で言えば、民主政治が社会の中に深く定着し、強い衝撃を受け止めることが出来る強い、安定した基盤があったからです。そういう政治的基盤は強い衝撃を一定程度吸収し、困難な事態を乗り切ることを可能にしたのです。

こうした大変動がない場合、政治指導者と世論との関係は、一種の継続的《けいぞくてき》な「せめぎあい」となって現れます。世論はモノのように不動のものとして存在するわけではありませんが、政治からの問いかけに対して、それなりの諾否《だくひ》の反応を示します。政治指導者が、それを一定程度操作することができないわけではありませんが、そこには明らかな限界があるのです。

例えば、安定した環境の中での民主政治において、総じて問題になるのは利害や利益に関《かか》わるものです（逆に言えば、世界観や政治理念といったものが、直接問題になることは珍しいのです）。利益に関することであれば、誰でもその利害得失を判断することができ、ここに操作の限界が出てきます。税金をどうするか、年金をどうするかについて、政治指導者が思いのままに有権者を操作できるとは考えられません。

もちろん、政治指導者や政党は、世論を単に反映するだけといった、受身の役割しか持たないわけでは決してありません。彼らは何を「代表するか」について、常に自ら選択し、問題を提起することができます。代表制が常に「みなし」作業を内包する以上、この作業を実施《じっし》に移すのは彼らです。それが受け入れられるかどうかについては、その能力に限界があることは明らかだとしても、課題設定と政策提案の面で大きな役割を持っています。この作用があって初めて世論は反応を示すのであって、有無《うむ》を言わせずに自らを貫徹《かんてつ》させるような、硬《かた》いモノのような力のある世論があるわけではありません。

また時には、世論が特に重要と考えないような政策課題が、政治指導者によって大きく取り上げられ、有権者がそれによって大きく左右されることもあります。二〇〇五年の郵政民営化選挙はその例でした（あらゆる世論調査において、郵政民営化はかなり低いランクの政策課題と考えられていましたが、小泉首相はこの法案の不成立を根拠《こんきょ》に国会を解散し、これを唯一最大の争点に「格上げ」して大勝利を得ました）。こうした場合に、政治指導者による意識的な課題の操作が目立つのは避けられません。

世論と政治の接点の重要性

そこで重要になるのが、世論と政治との接する部分です。それは、政治や政策についての報道や分析の領域であり、いわゆるマスメディアの活動する場です。何よりもまず、ここでの報道や分析が、権力から自由に行われることが大切です。新聞とテレビを比較《ひかく》すると、テレビは公共の電波を使った活動であり、認可事業であるという点に違いがあります。新聞に対しては何も言わない権力も、テレビ報道についてはいろいろと注文をつけるのは、こうした違いに原因があります。

報道や分析が自由であることは、世論と政治の接点を生き生きとしたものにする上での必要条件ですが、決して十分条件とは言えません。報道や分析の水準がよいこと、それに必要な人材が十分に供給される仕組みが出来ているかが大切です。従って、国際的に見てこの領域の活動が十分なものであるかどうか、それが質的に遜色《そんしょく》がないものかどうか、こういったことに敏感《びんかん》である必要があるのです。

この領域は、知らず知らずのうちに、有権者の政治に対する見方に大きく影響する力を持っています。それは一方で、政治の現場や政策担当者と接し、他方で大学やシンクタンクなど専門的知識を持つ集団と接しています。この領域が充実《じゅうじつ》するためには、大学やシンクタンクの充実が欠かせませんが、日本では未《いま》だに良質のシンクタンクが育っていないといわれているように、決して満足すべき状況《じょうきょう》にはありません。

また、日本では政治家よりも官僚《かんりょう》が政策決定に対して大きな影響力を持ってきたといわれますが、その一因はこの領域の貧弱さにあります。政治の扱《あつか》う政策は複雑であって、専門的な知識と情報を必要とします。それらが官僚によって独占されるようであるなら、政治の舞台で行われる政策論議といったものは、官僚の利害と関心によって枠《わく》づけられたものにしかなりません。当然、世論も未成熟なままに止まります。

政治報道や政策分析は、世論の内容を充実させ、それに必要な情報を伝える上で、民主政治のインフラ（基盤）です。煎《せん》じ詰《つ》めれば、それは一種の教育機能を持っています。大衆は放って置けば、習慣や本能によって左右されることになる、という警告については紹介しましたが、世論もまた報道や分析を通して不断に教育されるべきものです。このインフラが充実し、活発な教育と相互《そうご》啓発《けいはつ》が行われるのか、それとも何も考えずに政治指導者に黙々《もくもく》と従うのかで、民主政治の実態が違ってくるのは当然なのです。民主政治がそれなりに成果をあげ、国民に根付いている国ではこのインフラは総じて充実し、活発です。それは政治と世論との「せめぎあい」が、活発に行われている証拠《しょうこ》なのです。

ある時期の日本では、個人後援会《こうえんかい》のメンバーを旅行に連れて行ったりして、候補者が支持者にサービスすることが選挙運動の中身でした。しかも、サービスの水準をめぐって、「サービス合戦」が行われ、「お金がかかる」政治というよりも「お金をかける」政治が横行したものです。このように一緒《いっしょ》に温泉に入り、カラオケをして親睦《しんぼく》を深めるような形で政治家と有権者との接点を作る、というようなことは段々になくなりましたが、それらと、シンクタンクの政策分析などを材料にして政策論議が行われる政治の姿との違いは、誰の目にも明らかです。どっちに軸足《じくあし》が動くかで、世論の内実も相当に違ったものになります。

民主政治は有権者が横着を決め込み、無闇《むやみ》にわがままを言ったり、無理なサービスを政治家に求めたりする政治ではありません。有権者自身が自ら努力することによって、世論を変えていくこと、あるいは成長させていくものであることを忘れるならば、民主政治は怠惰《たいだ》を煽《あお》るような政治体制になってしまいます。これでは、民主政治はまともな人々の支持を得られません。そういうところでは、「独裁者の支配」への願望が秘《ひそ》かに培養《ばいよう》されても不思議はないのです。

〈コラム4〉　誰が世論を誘導しているか

日本の有権者が世論をどう考えているかについて、今春、朝日新聞社によって興味深い調査（政治意識世論調査）が行われました。それによれば、例えば「政治家は世論を作っている」と思っている人が二〇％、そう思っていない人が六四％でした。また、「マスメディアは世論を作っている」と思っている人が五〇％、そう思っていない人が三四％でした。さらに、「世論が誘導されている」という危険を感じ持っている人が合計で六八％あり、それらの人々に、誰によって誘導されているか複数回答してもらったところ、政治家が二五％、官僚が一六％、財界が一六％、マスメディアが五三％、テレビのキャスターが二八％、学者・言論人が一三％、インターネットが一二％、「国民の目に触《ふ》れない実力者」が一二％という回答が寄せられました。この結果からもマスメディアの影響力の大きさ、特に、映像メディアの影響の増大がうかがわれます。そのことが政治の「ワイドショー化」と指摘《してき》される現象にもつながっているのです。

世論はさまざまな担い手がはっきりした境界もなく、互《たが》いに影響力を競《きそ》い合《あ》う世界です。マスメディアは正確な報道を伝えるとともに、多様な政治の見方に場所を与えることを主たる任務としていますから、その役割が大きくなるのは当然です。マスメディアが意識的に世論を誘導することはありえますが、そうした姿勢がはっきりしていれば、読者や視聴者《しちょうしゃ》は自ずから警戒心をもってそれに臨《のぞ》むことになります。むしろ問題なのは、誘導する意図もなしに事実上誘導に大きく加担する場合であって、特に、視聴率競争などと結びつくと政治報道全体が歪む危険が出てきます。「いま」と「ここ」の関心事にばかり集中するような報道姿勢は、後になって考えると実にバランスの悪い、将来にとって禍根《かこん》を残すようなことにつながります。マスメディアに対して、「いま」と「ここ」の関心事ばかりの世論形成から、一歩距離《きょり》を置いた自己修正の姿勢が求められるのはそのためです。

これはマスメディアがどれだけ勝《すぐ》れた人材を自ら集め、常日頃《つねひごろ》からどれだけ幅広《はばひろ》い視野で物事を扱《あつか》う習慣を身につけることができるか、にかかっています。マスメディアに限らず、世論の形成に参与するグループは参与するに先立って人材に十分な投資をし、用意万端を怠《おこた》らない努力が必要です。「出たとこ勝負」「行き当たりばったり」で世論形成ができる、といった態度では長持ちしません。安定した民主政治は、この一見無駄《むだ》とも思われる基盤整備にそれなりのコストを払《はら》ってきました。つまり、「安上がりの民主政治」には限界があるということです。

第五章　政治とどう対面するか——参加と不服従

この前の二つの章では、民主政治の仕組みの持つさまざまな問題、その曖昧《あいまい》さや危《あや》うさ、さらにはその複雑さについて考えてみました。仕組みとしての民主政治が確立すればそれで政治をめぐる問題が終わるのでなく、そこから肝心《かんじん》の問題がむしろ始まることを述べたつもりです。つまり、人々が具体的に政治とどういう態度で対面するかによって、その実際の姿は違ったものになってくるということです。

政治は権力を伴《ともな》った集団的な活動であり、民主政治も決して例外ではありません。それは、「自分たちの共通の権力をどう運営するか」という問題に尽《つ》きます。これまで述べたことは、そのための仕組みの説明でした。これは結局のところ、自分たちの運命は自分たちで決めたいという、人間集団の意欲の現れといえるでしょう。その意味で、政治は集団の自己主張の現れであり、自己主張が自由の現れである以上、それは自由の現れでもあります。人間の自由はさまざまな領域で現れますが、政治は最も重要な領域の一つです。他の領域では自由を求めて、政治では求めないというのは長くは続かない状態なのです。

この章ではこの自由の現われとして、参加と不服従にスポットを当ててみたいと思います。

1　参加への熱望——明治日本の課題

『学問のすゝめ』にみる政府と人民の関係

日本における民主化は、明治になってから多くの犠牲《ぎせい》を伴いつつ徐々《じょじょ》に進められていきました。明治日本のベストセラーといえば、福沢諭吉《ふくざわゆきち》の『学問のすゝめ』であり、国民の百六十人に一人の割合でこれを読んだと言われます。この本は、「天は人の上に人を造らず人の下に人を造らずと言えり」という冒頭《ぼうとう》の書き出しで広く知られていますが、単に「人は同等なること」を超《こ》えて一身の独立を力説し、さらにそれを通して一国の独立を展望しようとするのがこの作品の意図でした。

この目的を達成する上での最大の障害は、長い専制政治の伝統、そこで養われた人々の権威《けんい》に対する卑屈《ひくつ》な態度でした。細かく区切られた身分制度の下で、多くの人々は切り捨て御免《ごめん》の状態に置かれ、百姓《ひゃくしょう》町人は「勝手次第に取扱《とりあつか》」われる時代が長く続きました。その結果、次のようなことになってしまったのです。

「譬《たと》えば今、日本にて平民に苗字《みょうじ》乗馬を許し、裁判所の風《ふう》も改まりて、表向は先ず士族と同等のようなれども、その習慣俄《にわか》に変ぜず、平民の根性は依然《いぜん》として旧《もと》の平民に異ならず、言語も賤《いや》しく応接も賤しく、目上の人に逢《あ》えば一言半句の理屈を述ぶること能《あた》わず、立てと言えば立ち、舞《ま》えと言えば舞い、その柔順《じゅうじゅん》なること家に飼いたる痩《やせ》犬《いぬ》の如《ごと》し。実に無気無力の鉄面皮と言うべし。」（岩波文庫、三二頁より）

このように四民平等の世の中になっても、政府と人民との関係についてはそれまでの専制政治の色合いが残り続けました。これでは「臆病神《おくびょうがみ》の手下」や、政府の行うことを横から見物する人間ばかりが多く、一国の独立はおぼつかないことになってしまいます。

そこで福沢は、政府と人民との関係について次のような議論を何度も繰《く》り返《かえ》し、発想の転換《てんかん》を促《うなが》しています。

「政府と人民との間柄《あいだがら》は、前《ぜん》にも言える如く、ただ強弱の有様を異にするのみにて権理の異同あるの理《ことわり》なし。百姓は米を作って人を養い、町人は物を売買して世の便利を達す。これ即《すなわ》ち百姓町人の商売なり。政府は法令を設けて悪人を制し善人を保護す。これ即ち政府の商売なり。この商売をなすには莫大《ばくだい》の費《ついえ》なれども、政府には米もなく金もなきゆえ、百姓町人より年貢《ねんぐ》運上を出《いだ》して政府の勝手方を賄《まかな》わんと、双方一致《そうほういっち》の上、相談を取極《とりき》めたり。これ即ち政府と人民との約束なり。」(同、二三頁より)

ここで福沢は、政府と人民との関係については、相互《そうご》に一定の「約束」に基《もと》づくドライな関係であることを「商売」とか「約束」といった言葉を使って強調し、専制政治の伝統から切り離《き》《はな》そうと一生懸命《けんめい》試みています。すなわち、それまでは何事であれ、政府に頼《たよ》ることが習慣となり、政府や役人たちはそれをよいことにして、無体な要求を百姓

これから
みなさんは
平民です
政府
ヒョイ
へへー
ありがてー
と言っておく
苗字
元・武士
逆らわないに限るよ
なんかえらそうだね
人民
幕府と政府が
入れ替わっただけでは
文明化と言えん!!

町人に押《お》し付《つ》けてきました。政府は「御上様」と呼ばれ、「御上の御用」とあれば役人たちは「沙汰《さた》の限り」の行いをし、政府の「御恩」を根拠《こんきょ》に「御用金」を言いつけました。他方で、百姓町人は公《おおやけ》の事柄については見物人の気分しかなく、独立心を持ち自らの意見を堂々と述べる習慣を身に着けることはありませんでした。

「欺《あざむ》きて安全を偸《ぬす》み詐《いつわ》りて罪を遁《のが》れ、欺詐《ぎさ》術策は人生必需《ひつじゅ》の具となり、不誠不実は日常の習慣となり、恥《は》ずる者もなく怪《あや》しむ者もなく、一身の廉恥《れんち》すでに地を払《はら》って尽きたり、豈《あに》国を思うに遑《いとま》あらんや。」（同、三八頁より）

政府は虚勢《きょせい》を張り、人民は卑屈不信のままに止まる。これこそが、専制政治の気風（スピリット）であると福沢は言います。この気風を変えることなしには、「日本にはただ政府ありて未《いま》だ国民あらずと云《い》うも可なり」と結論づけざるを得ません。そして、儒教《きょう》に代表される伝統的な発想は、専制政治の補強物として彼《かれ》の目に映りました。「国民」はすでにあるものではなく、政府と人民との間の「約束」関係を念頭に、そこから作られなければならないものだったのです。

それを福沢は次のようにも説明します。彼は一方で、国民は国法に従い、互《たが》いにその権義（権利）を平等に尊重しあって行動する義務を負うとしました（敵討《かたきう》ちのような私的制裁は許されないことになります）。他方で、人民が「申し合わせて一国と名づくる会社を結び社の法を立ててこれを施し行うこと」をする以上、国民は主人・家元に当たりまず。これに対して政府は名代人、支配人であるといいます。政府の仕事は、役人の私事ではなく、あくまでも「公の事務」であり、政府と国民はそれぞれこの「分限」を守ることによって、専制政治の時代とは異なった、新しい関係が可能になったのです。これが彼のいう「文明の精神」の一つの核心《かくしん》でした。ここには、第三章で紹介《しょうかい》した議論の流れが、明治と共に日本に入って来て、これまでの伝統と激しく衝突《しょうとつ》する姿が見られます。

このような『学問のすゝめ』の議論は、四民平等を踏《ふ》まえた政治の新しい展開には、意識の面で大きな課題があったことを示しています。大多数の国民が政府に頼ることは考えても、その主人であることは考えたことがなく、議論をして知恵《ちえ》を高め合うという習慣がありません。

「百万の人は百万の心を抱《いだき》て各《おのおの》一家の内に閉居し、戸外はあたかも外国の如くして、かつて心に関することなく、井戸浚《いどさらい》の相談も出来難《がた》し、いわんや道普請《みちぶしん》に於《おい》てをや。行斃《ゆきだおれ》を見れば走て過ぎ、犬の糞に逢えば避けて通り、俗にいわゆる掛《かか》り合《あい》を遁るるに忙《いそが》わしければ、何ぞ集議を企《くわだつ》るに遑《いとま》あらん。（中略）これを譬えば世に銀行なる者なくして、人民皆《みな》その余財を家に貯え、一般《いっぱん》の融通を止《とど》めて国に大業の企つべからざるが如し。国内の毎戸《まいこ》を尋《たずぬ》れば財本《ざいほん》の高《たか》なきにあらず。ただ毎戸に溜滞《りゅうたい》して全国の用を為《な》さざるのみ。人民の議論もまたかくの如し。毎戸に問い毎人に叩けば、各《おのおの》所見なきにあらざれども、その所見百千万の数に分れ、これを結合するの手段を得ずして、全国の用を為さざるものなり。」（『文明論之概略《ぶんめいろんのがいりゃく》』岩波文庫、一一六頁より）

「ひたすら無事を欲するの心」に支配されてきた気風が人々を孤立《こりつ》させ、社会的に力を合わせて何事かを成就することを不可能にしていたのです。

官僚制《かんりょうせい》と政治

しかし、明治の日本は、幕藩《ばくはん》体制の転覆《てんぷく》という政治革命によって発足した限りにおいて、専制政治の遺産に全てが支配されていたわけではありませんでした。明治維新《いしん》そのものが、専制政治の弱体化の産物であったからです。福沢も『文明論之概略』において、幕末以来の気風の変化について論じています。この政治革命の主役は、かつて支配層の一員であった武士（下級武士）たちであり、彼《かれ》らは百姓町人とは違った意識をもって――政治に関与《かんよ》することが、彼らの生業であるという意識をもって――明治維新以後も活動を続けました。それはある時は、政府に対する不平士族の反乱となりましたが、ある時は政治運動の主たる担い手になりました。

『自由党史』という明治政治の記念碑的《きねんひてき》作品を読むと、「広く会議を興《おこ》し、万機公論に決すべし」を第一条とする五箇条《ごかじょう》の御誓文《ごせいもん》に根拠を求めた民撰議院設立建白書から、国会開設に至《いた》る自由民権運動の激しいうねりが、日本全国を巻き込《まこ》んでいった過程が生々しく伝わってきます。それは、藩閥《はんばつ》政府の「有司専制」（一部官僚の独裁的な政治）に対《たい》抗《こう》して、公議、世論の力を制度化し、四民平等を基礎《きそ》とした挙国統一の現実化を旗印に掲《かか》げていました。いわゆる立憲政体の実現は、明治維新の理想の延長線上に位置づけられ、「有司専制」こそこの理想に対する裏切りであるというのがその基本的な主張でした。

当然、時間の経過と共に、豪農《ごうのう》などがこの運動に加わってきます。明治十二年八月、政治的にも思想的にも民権運動に圧倒的《あっとうてき》な影響力《えいきょうりょく》を持っていた高知の立志社を訪ねるべく、福島の二つの政治結社（それぞれ二百名、八十名の農民中心の結社）を代表した豪農政治家、河野広中は、なんと一ヶ月をかけてようやく高知に辿《たど》り着《つ》いたと言われています（彼が故郷に帰ったのは、約四ヶ月後でした）。

当時のこうした交通事情の下、全国にわたって遊説《ゆうぜい》を行い、建白書を携《たずさ》えて上京する人々の熱情は並大抵《なみたいてい》のものではありませんでした。明治十三年の、国会期成同盟に集まった代表者たち百十四名は八万七千人の総代であり、こうした形で建白・請願《せいがん》運動が繰り返されたのでした。これに対して、明治政府はしばしば峻厳《しゅんげん》な弾圧《だんあつ》をもって応《こた》えました。

明治国会が開設されたからといって、議会制が実現したわけではありません。議会制は、議会の多数派が政府を運営することによって初めて完成しますが、当時藩閥政府は政党に対して「超然《ちょうぜん》」としたものとして立ちはだかり、政党と衝突を繰り返しました。こうした中で、軍部、官僚と貴族院に拠《よ》る勢力と、議会で多数を占《し》める政党との協調関係が徐々《じょじょ》に姿を現してきます（これを「官民調和体制」と呼びます）。これは、政党同士が競争して政権が動き、政党が主導して政府を動かすという仕組みとは、明らかに違ったものです。明治憲法における天皇の大権は、政党以外の勢力の政治的な影響力を温存する役割を果たしましたし、内閣という議会制の指導部が、憲法上で全く言及《げんきゅう》されていないことも、こうした状況《じょうきょう》を助長しました。

明治維新を体験した元老たち（伊藤《いとう》や山県《やまがた》、井上など）が生きている間は、この複雑な仕組みは何とか機能しましたが、十分な政治的な求心力を実現できるような、仕組みの上での保証はありませんでした。大正デモクラシーは、政党政治と議会制の原則によって、明治憲法をいわば換骨奪胎《かんこつだったい》する試みでしたが、軍部や官僚などの勢力の抵抗によって、十分な成功を収めるに至《いた》らなかったのです。

天皇の大権を否定し、議会制を定めた現在の憲法の下においても、自民党の長期政権は官僚制との二人三脚《ににんさんきゃく》によって営まれてきたという点で、明治時代の「官民調和体制」に通ずるものがあるという意見もあります。ある時期までの世論調査では、国民は自分たちの代表者である政治家よりも、官僚により大きな信頼《しんらい》を寄せていましたし、「政治家がダメでも、官僚がしっかりしているから日本は大丈夫《だいじょうぶ》だ」「誰《だれ》が首相《しゅしょう》であっても変わりはない、何故《なぜ》ならば実際に政策を仕切っているのは官僚だからだ」というのが常識とされてきました。

こうした背景があるため、今でも時々、政官関係、政党と官僚制との（対立）関係が大きな政治のテーマとして浮上《ふじょう》してきます。本来、この二つは互いに協力しながら政策を決め、実行しなければならない関係にあるはずですが、とかく両者の対立が話題になります。また、国民の間には、官僚に対する過大な期待感と、過剰《かじょう》な批判との混在がしばしば見られたのも事実です。

明治の初めに、福沢諭吉は専制政治の遺制を厳しく批判しましたが、その後、明治から昭和にかけて、官僚制は日本の近代化、さらには経済成長にとって重要な役割を果たしてきました。福沢は『学問のすゝめ』において、昔の武家政権は専《もっぱ》ら力によって統治したけれども、明治政府は力を持つのみならず、「その智慧《ちえ》頗《すこぶ》る敏捷《びんしょう》にして、嘗《かつ》て事の機に後るることなし」として、その社会的影響力がますます強大化する恐《おそ》れがあることを指摘《してき》していました。それだけに、彼は「文明の形は進むに似たれども、文明の精神たる人民の気力は日に退歩に赴けり」と、日本の現状を憂慮《ゆうりょ》しました。政府は「文明の形」の担い手として着々とその地歩を固め、人民の気力はその前に退歩していく姿はやがて深刻な結果をもたらすというのが、彼の警告でしたが、その後の日本の姿を考えると実に適切な指摘だったのです。

選挙に参加し、政党の言動や選挙の結果に目をやるのは重要ですが、私たちに求められるのは、その政党や政治家が何を、どの程度できるのかについて、真剣《しんけん》に見定めることです。国民不在の「官民調和体制」は困りものですが、政治家と官僚との間で不毛な対決が漫然《まんぜん》と繰り返されることも困りものです。日本の政治はこの点でなお課題を抱《かか》えていると言えます。

〈コラム5〉 日本における政と官

明治の初めに福沢諭吉が繰り返し指摘したように、日本国民の「お上頼み」は根深いものがありました。「天下り」といった言葉を誰でも知っているのはこのためです。政治家よりも役人が大きな影響力を持ち、長い間役所との緊密な関係をもつことが、何事であれ物事が達成される秘訣《ひけつ》であると考えられてきました。役所が権限と財源を駆使《くし》して影響力を振《ふ》るい、政治家がそれに後から「族議員」といった形で参入するというのが、ある時期までの日本の姿でした。今から十年余り前から、「政治主導」が「官主導」に対して政治の旗印となり、政と官との関係は変化してきました。最近では「政治主導」の名の下に、役人と役所を政策決定から排除《はいじょ》する動きが目立っています。同時に、政治家が「役所（役人）叩《たた》き」をすれば人気があがる、ということが言われるようになりました。

役所と役人の本来の任務は、公平な行政を行うことです。窓口に来た国民がA党支持者かB党支持者かにかかわらず、公平な取り扱いをするのがその役割です。これを行政の「中立性」と呼びます。これに対して政治の世界は党派間の熾烈《しれつ》な競争の世界です。競争を通して国民の代表者と認められた政党が政権を担当し、政策を実行に移しますが、政策内容はかなり党派的なものになります。ここに、政策の「党派性」と行政の「中立性」とをどのように両立させるか、という根本問題が出てきます。同時に、政が政策を決めようとすると専門的な情報や知識を持つ官の助けが必要になり、この限りにおいては政と官とは協力関係を結ぶことになります。その際、「官主導」の政策は役所の利害が絡《から》み縦割り的になるので、政はそれを超《こ》える全体的視座を持つ必要があります。このように政と官との関係には「遮断《しゃだん》」が必要な側面と「協力」が必要な側面が共存しています。

かつて日本では政と官とが余りに混在・癒着《ゆちゃく》し、責任の所在も明らかでないような状態が続いてきました。これを「遮断」すべきところは「遮断」し、「協力」すべきところは「協力」する関係に、全体のデザインを新しく作り変えるのが現在の課題です。政がこうしたデザインのし直しに真剣な関心を持つこと、それを通してかつての「お上頼み」とは違った政と官の関係を、国民を巻き込んで作り上げることが必要なのです。また、中央政府の国際競争力を充実させることは、国民の将来にとって非常に重要になってきています。そのためには、政が「役人叩き」をすれば責任を果たしたことになるといった風潮をなくすこと、国民がそうしたことで溜飲《りゅういん》を下げて満足することがないようにすることが第一歩なのです。

2　抵抗の論理――市民的不服従の流れ

「正理を守って身を棄《す》つる」

政治権力の行使に対してその正当性、時にはその合法性を問題にして異議申し立てを行い、場合によっては抵抗するということは政治活動の一つの形態です。『学問のすゝめ』（七編）において福沢は、政府の暴政に対して人民はどのような態度をとるべきか、について論じています。当時の物情騒然《そうぜん》とした状況からすれば、こうした問いが出てくるのは不思議ではありません。

彼は三つの点を指摘しています。第一は、「節を屈して政府に従うは甚《はなは》だ宜《よろ》しからず」という主張です。「天の正道」に従うのが人間の責務であり、「節を屈して悪法に従うのはこの職分を破《やぶ》るもの」なのです。さらにこうした態度は後世に悪例を遺《のこ》し、人々の間にそうした気風を温存する結果となります。

それでは第二の、徒党を組み、力をもって内乱を企《くわだ》てるのはどうでしょうか。これは、事柄の善悪の問題を力の強弱の問題に置《お》き換《か》えるのみならず、社会秩序《ちつじょ》に深刻な打撃《だげき》を与《あた》え、人情に反する惨禍《さんか》を巻き起こすことになるという点で、「不都合な考え」と断定しています。明治維新が内乱の産物であり、西南戦争に至る武士の反乱を考えると、この指摘は重いものです。

第三は「正理を守って身を棄つる」態度であって、苦痛を忍《しの》んであくまで「正理を唱えて政府に迫《せま》ること」です。これが福沢によれば、三つのうち最善の策なのです。これは身を棄ててまで、悪政を正義の観点から告発し、やがて「天下の人心」に影響を及《およ》ぼす方法です。失われるのは一人の人間の生命ですが、その効果は内乱よりも遥《はる》かに勝《まさ》っており、西洋ではこれを「マルチルドム」と呼んでいると紹介しています。日本では古来、敵討ちの類《たぐい》とそれをめぐる英雄話は多かったのですが、この第三の類型に該当《がいとう》するのは、佐倉宗五郎《さくらそうごろう》ただ一人とその少なさを指摘しています。佐倉宗五郎こそは、正に模《も》範《はん》とすべき人物であったのです。

『学問のすゝめ』は、国民の政治参加の途が開けていない場合の議論を示していますが、民主政治においてこうした問題はなくなったでしょうか。確かにそこでは、政府の悪政や悪法は政治全体の鍵《かぎ》を握《にぎ》る多数者が、その立場を変えれば問題は片付くものと考えられます。しかし、現実には多数派の判断が全ての人々の正義感と良心に、常にかなうものである保証はなく、しかも世論の変化は遅々《ちち》として進まないということも十分考えられます。

また、国民が選挙で意思表示をする機会は数年に一度しかないということもあります。民主政治の下では裁判に訴《うった》えたり、デモ行進を行ったり、さまざまな抵抗の方法や反対の意思表示の手段がないわけではありませんが、それらと並んで市民の服従拒否《きょひ》というスタイルが、一つの特徴的《とくちょうてき》な意思表示の方法として登場してきました。その源はアメリカです。これと福沢のあげた「正理を守って身を棄つる」態度との共通性は、興味深いものがあります。

市民の服従拒否というスタイル

『学問のすゝめ』から遡《さかのぼ》ること約四分の一世紀前、アメリカのマサチューセッツ州で、ヘンリー・デイヴィッド・ソローという一人の文筆家が、奴隷制《どれいせい》反対などを楯《たて》にして、人頭税の納税拒否をいわば主義として宣言して投獄《とうごく》されました。親類が代わって支払ったため、彼は翌朝出獄し、この出来事そのものは直接的な政治的影響を持ちませんでしたが、後に彼は、この時の自分の立場を「市民の服従拒否」という論文によって明らかにすることになります。この市民の服従拒否（civil disobedience）という発想は、やがて政治と向かい合う一つの態度として注目を集めることになります。彼の服従拒否の思考回路を手繰《たぐ》っていくと、次のような光景が現れるのです。

まず、彼は無政府主義者ではなく、政府は人間社会に必要な便宜《べんぎ》を提供する機械、メカニズムであると考えています。そして、政府がこの便宜提供の役割に自分を限定し、個人を最高の価値のあるものとして、敬意をもって取り扱うようになることを自らの理想としています。問題は、政府の動向を支配する多数者が正、不正の判断にまで踏《ふ》み込《こ》み、個人の良心に反することを法律という形にし、それに対する服従を市民の義務として求める場合です。ソローによれば、人間であることは自らの良心に忠実に生きることであり、政府や国家が命ずるがままそれに服従することは、決して人間にふさわしいものではありません。正義と良心とに対する尊敬は、法に対するそれを遥かに凌駕《りょうが》すべきものであるというわけです。

ここに、良心と政治との確執《かくしつ》と緊張《きんちょう》は避《さ》けられないことになります。これまで「ごく少数の者、例えば、英雄、愛国者、殉教者《じゅんきょうしゃ》、すぐれた意味での改革者、それに真の意味での人間が良心をもって国家に仕え、したがって大抵は、当然に抵抗し、通常国家によって敵として扱われる」ことになったのです。逆に立派な市民として崇《あが》められるのは、自分の道義心や良心に無関係に国家や政府に服従する、馬や牛と同じ値打ちしかない人々であると彼は痛烈《つうれつ》に批判します。

ところで、アメリカの連邦《れんぽう》政府や州の当時の統治は、良心に照らしてどうだったのでしょうか。「自由の避難所《ひなんじょ》」を謳《うた》い文句にした国家が、実際には国民の六分の一が奴隷であり、全土が軍隊の下に屈従させられている状況では、「誠実な人間が反逆し、革命をおこすべきとき」であると、ソローは断言します。一七七五年の独立の時には誰《だれ》しもが革命のときであると語りましたが、ソローの時代にはほとんどの者が「今は、そういう事態ではない」と言っていました。しかし、ソローによれば今こそそういう事態、正に緊急の事態なのです。ここに、ほとんどの人々とソローとの間の隔絶《かくぜつ》、断絶が大きく浮上してきます。問題は、独立革命の時のように外国から自由になることではなく、民主政治の「内なる」問題だったのです。

奴隷制とメキシコ戦争に反対の意見を持っている人は何千といましたが、彼らは実際にそれを終わらせるために積極的には何もしませんでした。ソローは、これら反対意見の持ち主たちを痛烈に風刺《ふうし》します。

「自分たちがウォシントンとフランクリンの子孫であると思っているのだが、手をポケットにつっこんだまま坐《すわ》りこみ、何をしていいのかわからんとうそぶいて何もしないのだ。彼らは自由の問題をあとまわしにして、自由貿易の問題をとりあげる。そして食後には、メキシコの最新ニュースと一緒《いっしょ》に相場表を、おちつき払って読みそしておそらく、読みながらねむってしまう。(中略) 彼らは、他人が悪を是正《ぜせい》するのを、好意をもって見守るであろう。(中略) 彼らは、正義が自分たちのそばで主張されるとき、これに安っぽい一票だけを投じ、弱々しい賛意を表し、成功を祈《いの》るといったようなことをいうのが関の山である。(中略)

一切《いっさい》の投票は、将棋《しょうぎ》やすご六と同じく、一種のかけごとで、ただそれにちょっとばかり道徳的なにおいがついているだけであり、それは正か邪《じゃ》かという道徳問題を弄《もてあそ》ぶ遊戯《ゆうぎ》で、当然に賭《か》けが伴う。投票者の人格は賭けられない。おそらく、私が一票を投ずるのは自分が正しいと思えばこそである、しかし私は、その正義がどうしても勝利をしめてくれなければ困る、とまで真剣に思いつめているわけではない。私はそれを喜んで多数者に委せる。したがって投票の義務も、便宜的《べんぎてき》な義務以上には決して出ない。正義のための投票をするからといって、正義のために何かすることではない。それは、正義が勝利をしめればよいという君の願いを弱々しげに人々に表明することにすぎない。」（ソロー『市民的抵抗の思想』山崎時彦訳、未来社、一三―一四頁より）

このように、ソローは投票を基盤《きばん》とする民主政治の曖昧さを容赦《ようしゃ》なく指摘し、正義や良心と民主政治との覚束《おぼつか》ない関係を描《えが》き出《だ》しました。その上で、こうした善男善女《ぜんなんぜんにょ》からなる多数者に正義の勝利を期待することを断念し、「絶対に善良な人」が「不正と手を切る」という形で人間の義務を果たすことに希望をつなぎます。政府の政策に反対しな

政府公認だよー
奴隷はいらんかねー
政府
支持
支持
見ないフリー
奴隷制を平気でやるような政府に税金は払いませんッ
ソロー
静かな抵抗だ

がら、実際には、政府に忠誠と支持を与えている言行不一致の人々――これが最も厄介《やっかい》な人々である――から訣別《けつべつ》し、具体的には、多数者の登場を待たずに、自ら進んで州政府に対する財産上の支持を撤回《てっかい》すべきであると述べています。

具体的には税の支払拒否を通して政府を否認《ひにん》すること、それと共に法律違反を根拠に、刑務所《けいむしょ》に投獄されることを堂々と甘受《かんじゅ》することを通して、奴隷制廃止《はいし》の意志を表明することでした。幾千万の奴隷制廃止の「おしゃべり」よりも、こうした行為《こうい》こそがアメリカにおける奴隷制廃止につながると彼は言います。これによって正義にかなった人間の居場所は、刑務所であることが明らかになり、政府の不正は一層浮《う》き彫《ぼ》りになることになります。そこから暴力を使わない一種の平和革命への展望が開けてきます。

「単に一枚の投票用紙ではなく、諸君にそなわる影響力一切を投じなさい。少数者は多数者に同調しているかぎり無力である。その場合は少数者ですらない。だがその全身の重みをかけて妨害《ぼうがい》するとき、少数者といえども、無敵の力をもつようになる。すべての正しい人々を獄中におくか、あるいは戦争と奴隷制をやめるか、この二つのうち一つをとらなければならないとすれば州はそのどちらを選ぶべきか躊躇《ちゅうちょ》しないであろう。もし千人が今年税金を払わないとしても、これは、乱暴な、流血をみる手段ではないであろう。税金を払うことこそ、州に暴行を犯《おか》させ無実の血を流させることになる。もし平和革命というものが可能ならば、ここにこそまさしく、平和革命の定義がある。」（同、二二三頁より）

税金の支払拒否という、一見したところ消極的な抵抗が実は積極的な政治的意味を持つということを、市民の服従拒否は示しています。奴隷制廃止を訴えるためには、わざわざ南部まで出かけ、身の危険を冒《おか》して奴隷の解放活動に参加しなければならないわけではありません。マサチューセッツで税金の支払拒否を主義として明示することによって、それを行うことができます。行動としては間接的ですが、政治的には直接的なメッセージをこれによって発することができたのです。

こうした服従拒否は、あくまで政治的信用に打撃を与えることを目的にするものであり、投獄しても政府の信用が格別回復するわけではありません。従って、暴力を伴う反対運動よりも、政府にとって扱い難いものです。ソロー風に言えば、こちらは精神と良心で闘《たたか》っているのに対し、政府は肉体を束縛《そくばく》する以外に方法がないからです。しかも、弱者にとってはこれこそ、残された現実味のある抵抗の手段だったのです。後年のマハトマ・ガンジーなど、服従拒否と非暴力の運動が大きな効果を発揮したことはよく知られた事実です。

もう一度福沢諭吉の言葉を思い出してみましょう。「節を屈して政府に従うは甚だ宜しからず」と彼は言いましたが、民主主義は、政府は多数派の意向を反映しているのであるから、政府に従うのはわれわれの義務である、という論理を強める効果を持ちます。しかしそれは、「節を屈する」ことを応援《おうえん》し、それを助長することにならないでしょうか。ソローの直面した問題はここにありました。彼の言葉は、民主政治を投票することで終わりにするのでは、「節を屈する」ことにいくらでもつながることに警告を発しています。「節を屈して政府に従うは甚だ宜しからず」という言葉を忘れ、ひたすら多数派の意向という「みなし」に安住して惰眠《だみん》を貪《むさぼ》る民主政治には、「内なる」弱さが潜《ひそ》んでいます。その上、投票さえしない国民が三割、四割いるとすれば、少数派の責任はますます重いとも考えられます。少数派の異議申し立てが社会にとって常に有益なわけではありませんが、それがほとんどない民主政治は深刻な「内なる」病いに冒されていると見るべきでしょう。

第六章　これからの政治の課題とは

政治の課題には、変化しないものと変化するものの二つがあります。変化しないものには、私たちの安全を守るといった役割があり、これを国際的な場面にまで拡《ひろ》げると、外交や安全保障の分野になっていきます。その一方で、歴史を離《はな》れて政治は考えられないという意味で、政治の課題は常に変化していきます。しかもこうした課題は、それぞれの政治の置かれた状況《じょうきょう》によって違《ちが》ってきます。それぞれの地域の歴史や伝統の違いもありますが、国際的にどのような境遇《きょうぐう》に置かれているかによって、解決しなければならない課題は当然違ってくるのです。よく、「内政と外交とは一体不可分である」といわれるのはこのためです。江戸《えど》時代の日本のように、完全に外から孤立《こりつ》して国内のことだけ考えていればいい時代は、極《きわ》めて珍《めずら》しいのです。それゆえ、ペリー来航以後のこの一世紀半の日本の政治は、外の世界との関係を念頭に入れない限り、理解できません。また、文明の進歩や社会状況の変化に従って、これまでなかったような課題も登場してきます。核《かく》兵器の問題や環境《かんきょう》問題などはその典型的な実例でしょう。

この章では、政治の課題を整理し、これからの政治との関《かか》わりを考えてみます。

1　二十世紀の政治を振《ふ》り返《かえ》って

大戦争と政治の不安定化

二十世紀の政治は実にドラマティックな展開を辿《たど》りました。今から一世紀ほど前、日《にち》露《ろ》戦争に勝利した日本が国際秩序《ちつじょ》の一つの担い手として登場した頃《ころ》、世界は「ヨーロッパの世紀」としての十九世紀の雰囲気《ふんいき》を強く残していました。世界のほとんどの地域はヨーロッパ列強の植民地であり、経済的にも政治的にもほとんど見るべき役割を与《あた》えられていませんでした。経済的にはグローバル化が進み、列強の国民は多額の資金を植民地に投じ、膨大《ぼうだい》な利益を得ていました。他方、これらヨーロッパ列強の国内では立憲主義がそれなりに定着し、民主化が進み、社会主義勢力が台頭しつつありました。

このように、全く違った政治のあり方が並存し使い分けられていたのが、今から百年前の世界でした。これを深刻な矛盾《むじゅん》と考えた人々もいなかったわけではありませんが、国内の大衆を満足させるためには植民地は欠かせない、という意見もあったのです。

この仕組みの崩壊《ほうかい》から、二十世紀の政治が始まります。崩壊のきっかけは、ヨーロッパ列強がヨーロッパを舞台《ぶたい》にして大戦争に突入《とつにゅう》した、第一次世界大戦です。この戦争は、政治の姿をほとんど一変させました。大量の殺戮《さつりく》が日常の出来事となる中で、相互《そうご》の理解と寛容《かんよう》を前提にしたそれまでの立憲政治を「時代遅《おく》れ」にしたのです。ロシア革命に見られたように、戦争は革命に転化し、社会主義体制が初めて地上に姿を現すと共に、暴力と宣伝を駆使《くし》して、それまでの政治体制の打倒《だとう》と革命を求める雰囲気が、先進国の間にも広範《こうはん》に広がりました。その先駆をなしたのが、イタリアのファシストによる政権の掌握《しょうあく》でした。

他方で、植民地のナショナリズムと政治的発言力が強まり、民族自決原則に基《もと》づいて多くの新興国がヨーロッパに誕生しました。国際経済体制は大戦争でガタガタになり、かつての列強は膨大な賠償金《ばいしょうきん》の支払《しはら》いを求められたドイツを先頭に、経済的に弱体化したのです。そのことがますます、国内政治における経済的利害を中心とした緊張《きんちょう》を高め、政治を不安定なものにしました。国際関係と国内政治の不安定化とが連動したのが戦間期の特徴《とくちょう》であり、大恐慌《きょうこう》によってピークに達しました。それは、次なる戦争の準備という体質を持った勢力の台頭につながったのです。

ヨーロッパ列強の苦境を少し離れたところから観望していた有力国がアメリカであり、程度の差はあれ、日本も同様でした。世界の重心がヨーロッパからアメリカに移りつつある中で、その頃のアメリカは「アメリカの世紀」にふさわしい国際的役割を果たす準備がありませんでした。日本は、ヨーロッパ列強が弱体化したことを好機と考え、対華《たいか》二十一か条の要求などの列強の政策の跡《あと》を踏《ふ》むような政策を採りました。

その日本も国内では、民主化の流れを受け、大正デモクラシーを経て、普通《ふつう》選挙制度の実現をみることになります。原内閣に始まる政党政治はやがて政友会、民政党による二大政党制へと発展していきました。日本の政治においては、対米協調的路線と対米強硬《きょうこう》・大陸進出路線とが対立していましたが、世界大恐慌と国際経済秩序の解体、そうした中で発生した満州事変によって、急速に後者の路線への傾斜《けいしゃ》が起こりました。それは軍部の政治的発言力の台頭と政治的求心力の弱体化を招き、やがて「清水の舞台から飛び降りる」心境で日米開戦に踏み切ることにつながったのです。

戦後の日本政治を振り返る

第二次世界大戦後の政治は、圧倒的な軍事力と経済力を持つアメリカとソ連との対決、すなわち、冷戦という外枠《そとわく》に埋《う》め込《こ》まれたものでした。この両超大国《ちょうたいこく》は、かつての列強と同じように世界政治を仕切りましたが、他の国々はもっぱら国内体制の整備に関心を集中していました。そこで誕生したのが経済優先の政策です。

そもそも自由主義vs.社会主義というイデオロギー対立が、基本的に経済問題をめぐるものであり、自由主義陣営は経済的利害対立に神経を尖《とが》らせ、その抑制《よくせい》に大きなエネルギーを用いました。そこで主要政党は、完全雇用《こよう》と福祉《ふくし》国家を中心にした政策目標を掲《かか》げ、労働組合を取り込みつつ、国民全てが「豊かな社会」のメンバーになれるような施《し》策《さく》の開発に集中しました。戦間期の政治がイデオロギー的で「対決の政治」であったのに対し、戦後は「合意の政治」が旗印になったのです。

実際、七〇年代中葉にかけて、各国における貧富の差は小さくなりました（総中流社

社会主義
ひとつに集めてから
富
分配。
やる気出しても
出さなくてもおんなじね

競争だ、
競争だ!!
やる気出るけど
キツいっす
ハヒ
イタダキ!!
富
オレのもの
自由主義

会の誕生）。日本は遅ればせながら、高度経済成長によってこの流れを追いかけ、類似《るいじ》の政策が時間差をおいて日本でも実現しました。政治が「利益政治」になった時代です。

この時期の「利益政治」を担った政党の中では、自民党が最も広範な利益を巧《たく》みに取り込んだ政党として世界的な注目を集めました。自民党は多くの利益集団の「面倒を見る」ことを通して、政権政党としての地位を再生産することができたのです。当時、よく言われたこの「面倒を見る」という言葉は、極めて政治的な意味で使われました。

ところが七〇年代後半から、この「合意の政治」を、「大きな政府」を生み出したとして批判する潮流が米英などで強まり、「小さな政府」の実現と市場の大切さを合言葉とする政党が、改めて「対決の政治」を掲げて登場してきます。これは、政府が国民の経済生活に関わる度合いを減らすこと、経済活動を自由にして市場を通して富の再分配が行われるようにすることを意味し、税負担の軽減要求とも結びついていました。

日本の政治は、先進国の中で最後まで「合意の政治」にこだわりを見せましたが、バブルの崩壊と巨額《きょがく》の不良債権《さいけん》の発生、金融《きんゆう》機関の相次ぐ破綻《はたん》などを経て、「構造改革」が日本でも大きなうねりとなりました。また、経済のグローバル化の進展によってモノのみならず、カネが世界中を動き回る中で、日本のそれまでの経済や行政の仕組みの古さが、一気に浮き彫《ぼ》りになりました。かくして企業《きぎょう》によるリストラが始まり、企業の倒産と失業者の増大、非正規雇用の増加などが続き、「格差」が目に見えるような形で浮上《ふじょう》してきました。これは「利益政治」の没落《ぼつらく》の過程であり、それに依拠《いきょ》していた自民党の派閥《はばつ》は急速に衰退《すいたい》しました。

「利益政治」の衰退は、政府が国民の「面倒を見る」ことを見直すこと、あるいは、それを大幅《おおはば》に縮減することを意味しました。もちろん、日本では「利益政治」の行き過ぎ——例えば、必要以上にハコモノを作り、道路を作ったといった——があり、その縮減は無駄《むだ》を省くこととして、多くの国民の支持を受けました。また、大きな財政赤字があることも「利益政治」の見直しの必要性を浮き彫りにしたのです。

小泉首相《しゅしょう》はそれまでの自民党政治とは異なり、これまでの「利益政治」を批判する政治を展開し、国民の高い支持を獲得《かくとく》し続けました。こうした政治は古いものを破壊《はかい》するために必要ですが、しかし直ちに新しい政治の姿を描《えが》き出《だ》すことには必ずしもつながりません。「小さな政府」論はあくまで、大きな無駄があったからこそ魅力《みりょく》のあるメッセージであったのです。その意味では、何かを止めるためのメッセージではあっても、何かを作るためのメッセージとしては物足りないでしょう。これからの政治の課題は、ここから出発しなければなりません。

2　これからの政治課題を展望する

合理的な「利益政治」を求めて

誤解のないように一言付け加えると、「利益政治」がかつてのように中流社会を力任せに実現する力を持たなくなったといっても、国民生活に対する政治の役割は依然として重要だということです。政治の役割は、犯罪者の逮捕《たいほ》と処罰《しょばつ》に限られるものではありません。民主政治は税金と政府の政策とを骨格としており、この骨格をがっちり組み立てることなしには向上しません。

しかし、第四章でも述べたように、「利益政治」にはいろいろな落とし穴があり、落とし穴を少なくすることによって、より合理的な「利益政治」を実現することが変わらぬ課題なのです。例えば、目先の利益にばかり目がいって長期的な利益を無視し、将来の世代に過大な負担を残すようなことは慎《つつし》まなければなりません。また、今では政府の政策、その経済・財政政策は国際市場で評価される時代であり、そこでの信用の失墜《しっつい》によって国民生活を崩壊させるようなことをしてはならないのです。

ところで教育、医療《いりょう》、年金といった領域は、今後とも特に政治がきっちりと役割を果たして行かなければならない領域です。もちろん、公的なサービスの水準をどこに置くかは、国民がどれだけの税負担をするかと表裏《ひょうり》の関係にあり、一律には決められませんが、少なくとも国民に対して効率的で、必要なサービスを提供する責務が政治にはあります。何百万人もの国民が医療保険の恩恵《おんけい》に与《あずか》れないといったことでは、生存権も人間としての権利も意味を失ってしまいます。年金についても同じですが、どこまでが政府の担当であり、どこからが各個人の努力と才覚に委《ゆだ》ねるか、さらに長期的にどのような見通しが成り立つかといった事柄《ことがら》は、政治が国民の前できっちり処理する責任がありま す。政府の不手際で年金記録が失われるといったことは、論外のことです。それと同時に、社会福祉など社会的弱者を支援《しえん》する施策は今後とも必要ですが、社会からの支援を受けた人々はそれに応《こた》えるように一生懸命《けんめい》に努力し、社会に「お返しをする」気構えが求められます。支援を受けていながら感謝の気持ちもなく、努力もしないということになれば、こうした施策に対する支持は失われるでしょう。

かつて日本の「利益政治」は、まさに大盤振《おおばんぶ》る舞《ま》いの政治でした。しかし、財政の膨大な赤字を考えるとこれを繰《く》り返《かえ》すわけにはいきません。税金は大切に効果的に使わなければなりませんが、これからは特に、何にどう使うかについて優先順位をはっきりさせることがますます重要になってきます。例えば、医療に重点を置くのか、それとも年金に重点を置くのか、といった選択《せんたく》も必要になってきます。そのためには、優先順位をはっきり決められるような政治の仕組みを作ることが必要であり、かつてのようにいわゆるボトムアップ的に出てきた諸要求に、バラバラに応答するような意志決定の仕組み(これを部分最適のやり方と言います)とは訣別《けつべつ》しなければなりません。

日本の政党の一つの大きな問題は、この種の優先順位をつけるのにふさわしい仕組みを作ることが出来ず、議員たちがそれに習熟していない点にあります。その上、利益に関しては縦割りの各省庁が大きな関心を持ち、この種の作業をますます難しくしてきたという経緯《けいい》もあります。明治以来、日本の政治の根本的な欠陥《けっかん》は「政治的な統合」の弱さにありましたが、それではこれからやっていけなくなるでしょう。政権公約（マニフェスト）などを積極的に活用しながら、率直に数字を使って優先順位を分かりやすく国民に説明し、国民もそうした議論にもっと慣れ親しみ、継続的《けいぞくてき》に政策を見つめていくことが必要です。

鍵《かぎ》としての「教育」

ところで今、教育が各国において最も重要な政策課題になっています。かつては、政府が国民生活を守ることが常識でしたが、グローバル化の中で、今や雇用一つとっても政府の力は限られるようになりました。かつての日本の仕組みは政府が企業を守り、それを通して個々人の生活が守られるというものでしたが、現在の企業は完全にグローバルな世界で活動しており、個々の企業の運命を政府がどうこうすることはできなくなりました。

こうした中で、政府は個々の国民が広い意味での競争力を持つこと、そのために必要な教育に多くの力を注ぐことにその任務を発見しました。これがいわゆる人的資源充《じゅう》実《じつ》政策です。初等教育も大事ですが、何よりも大事なのは高等教育です。高等教育はいわば社会への「出口」であり、ここのレベルが低いと国際的に競争することができません。高等教育というと、かつては大学の学部四年の教育が念頭にありましたが、今や徐々《じょじょ》に大学院に高度な教育の場が変わってきています。技術であれ法であれ、求められるのは先端的《せんたんてき》な知識とそれを身につけた人材です。博士号は国際的に活躍《かつやく》するためのパスポートになってきました。先端知識を制するものが将来を制するという考え方は、今や世界に広がっています。

また、かつては「いい企業」や中央官庁に入るために「いい大学」に入ることが目的でしたが、「いい企業」もどこまで国際的競争を生き延びることができるか分からなくなりました（今や巨大企業も買収され、統合される時代です）。現在は、「いい企業」に入社しても一生安穏《あんのん》に暮らせる保証はなくなりつつあります。そうなるとどうしても、自分の能力を蓄《たくわ》え、環境の変化を生き延びていく力量が必要になってきます。

今後は、どこまでも自分を磨《みが》き、新たに挑戦《ちょうせん》する気構えを持った人々が集まる社会や地域、国が豊かになり、そうでないところとの「格差」が広がることになるでしょう。この意味で、教育は非常に戦略的《せんりやくてき》な政策領域になりつつあります。このように、個々人にとっても教育は国際・国内における自分の社会的・経済的位置に、重要な影響を及《およ》ぼすようになっているのです。

このような状況の中で、ますます長期化する教育と、それに必要な費用を親が賄《まかな》うことは、事実上困難になっています（年金の先細りを考えると親は自分の将来の準備に蓄《たくわ》えが必要になってきます）。従って、教育費の負担を親子でどう分担するかについて、互《たが》いにはっきりさせる習慣を身につけることが必要であるだけでなく、公的な支援体制を充実させる必要があります。

教育に対する日本政府の支出は、対ＧＤＰ比で諸外国と比べて極めて少なく、関係者の努力と家計への負担の転嫁《てんか》によって、これまでなんとか「もちこたえて」きましたが、その限界はすでにはっきりしています。財政支出を増やさなければ、「出口」である高等教育の基盤は崩壊に瀕《ひん》し、それは例えば、医療サービスに必要な人材を確保できないといった事態につながるに違いありません。現に、人口の減少に対する対策が急務になっているにもかかわらず、産婦人科医の激減が毎日報道されている有様です。最近の医師不足の原因は複雑ですが、その遠因は日本の医療サービスが安価で何とかなってきたという、これまでの経験に安住してきたことにあります。専門家の中には、日本の医療サービスのレベルは日に日に劣化《れっか》し、周辺のアジア諸国に後《おく》れをとる日もそう遠くないという声もあります。グローバル化の時代において、教育政策はまさに将来の国力を計るバロメーターです。ですから、これを「いじめ」問題などだけに関心を狭《せば》めてしまってはならないのです。

グローバル化と政府の役割

グローバル化はさまざまな新しい政治の課題を生み出しました。国内的に最も目に付くのは、「格差」問題の浮上です。政治はいまや「結果の平等」を実現できなくなったのみならず、実現しようともしなくなったように見えます。確かに、いろいろな統計を見ても世論調査をしてみても、「格差」の拡大《かくだい》は逃《のが》れられない現実です。

そこで大事なのは、「格差」という現実を否定して見て見ぬふりをしたり、「結果の平等」を再現できるかのような期待感を振りまくことではなく、ナショナル・ミニマム（国家が広く国民全体に対して保障すべき必要最低限の生活水準）といった不可欠なサービスを断固として守ることなのです。つまり、過大なサービスの話は止め、不可欠なサービスを必ず最低限国民に提供することを通して、グローバル化によって万事が流動化する生活環境の中で、逆に「動かない基軸《きじく》」をがっちりと固めることなのです。それがあればこそ、国民は安心してこれからの生活設計を立て、思い切った挑戦を試みることができます。「動かない基軸」を提供できない政治では、国民はグローバル化の恐《おそ》ろしさばかりに目が向き、国際競争力の向上などに目が行くことはないでしょう。この意味で、政治はあくまで社会の安定要因であることを心がけ、「機会の平等」を可能な限り国民に提供する責任があります。そうでないならば、グローバル化と民主政治とは決定的な対立関係に入り、激しい対立によって政治は覆《おお》われることになるでしょう。

また、日本に重くのしかかっているのが人口の減少問題です。このままの低い出生率が続けば、人口は早晩一億人を割り込み、経済や社会保障などに深刻な影響《えいきょう》が出ることが予想されています。これまでの政府の少子化対策はほとんど効果がなく、さながら連戦連敗の成績でした。人口が減少することを一概《いちがい》に悲観する必要はないという意見もありますが、その場合経済規模の縮小か外国人の大量受け入れか、どちらかを選択しなければならないことになることを覚悟《かくご》しなければなりません。「あれもいや、これもいや」といった気休めではどうにもなりません。

本格的な少子化対策を行うためには、予算の大規模な組《く》み替《か》えや他の領域の予算を大《おお》幅《はば》にカットし、しかも、それを毎年続けていく必要があります。こうした覚悟をこの数年のうちにできるかどうかが、みなさんが暮らす日本の将来の命運を握《にぎ》っていることを決して忘れてはなりません。人口は政治の前提ですが、政治が人口という最大の基盤に無関心であってよいということにはなりません。少子化政策においてこそ、政治以外に「動かない基軸」としての役割を期待できるものがないことは冷厳な事実です。

ナショナリズムの問題

「利益政治」がかつてのような存在感を失った中で、政治の中には新たな動向が台頭しています。宗教やナショナリズムといったものの台頭がそれです。これらは現代の政治に共通の現象であり、それ自身グローバル化と緊張関係にありますが、他面において宗教やナショナリズムはグローバル化に対する一つの反応でもあります。その意味では、これによって新たに加速された面があり、この二つの側面をしっかり見据《みす》える必要があるのです。

政治学では、こうした政治を「利益政治」との対比で「自己同一性をめぐる政治」と呼んでいます。この政治は自分たちが何者であるかをアピールし、それによって団結を図《はか》ろうとする動きであり、当然のことながら、他者との違いと対決を強調することを特徴としています。二〇〇一年九月十一日のテロの後、世界規模での「宗教戦争」が口にされ、「十字軍」といった言葉が飛《と》び交《か》いましたが、これは世俗的《せぞくてき》な役割を果たすものとして政治を考えてきた、近代の了解《りょうかい》と衝突《しょうとつ》するものです。

ナショナリズムは、人種主義的な排外《はいがい》主義の形をとることもありますし（現代のヨーロッパの右翼《うよく》やネオナチにはこの傾向が顕著《けんちょ》です）、隣国《りんごく》や周辺国との領土問題などでの対立に触発《しょくはつ》されるものもあります。冷戦時代には、ナショナリズムはすっかり影《かげ》を潜《ひそ》めていましたが、冷戦崩壊と共にさながら冷凍庫《れいとうこ》の中から再生しました。

日本は、第二次世界大戦で敗北するまで強烈《きょうれつ》なナショナリズム国家であり、それを基礎《きそ》に海外に植民地を持つ大日本帝国《ていこく》を築きました。当時の日本は、ウルトラ・ナショナリズムの国と言われたものです。敗戦後、日本のナショナリズムは折からの経済の高度成長と経済大国化と融合《ゆうごう》し、「ジャパン・アズ・ナンバーワン」という評価に満足を見出しました。しかし、バブル崩壊と経済秩序の混乱の中でこの結びつきは解け、ナショナリズムは新たな模索《もさく》を始めています。それは丁度「格差」問題の登場と表裏の関係にあるのです。

ナショナリズムは民主主義と密接な関係を持ってきました。ナショナリズムが集団的な自己主張の現れであるとすれば、民主主義は集団的自己決定の現れです。そのため、この二つが容易に混合することは避《さ》けられません。近代ナショナリズムの最初の登場がフランス革命であったことは、周知の事実です。また、植民地からの解放を求める運動において、この二つの結びつきがあったことも事実です。ナショナリズムで問題になるのは、その自己主張の内容です。それが唯我《ゆいが》独尊《どくそん》で、他の地域の人々の関心も同感も得られないものだとすれば、それは全くの国内消費用の、自己満足のためのものでしかありません。

フランス革命に発するフランスのナショナリズムが大きな影響力を持ったのは、その自己主張の内容が普遍的《ふへんてき》で、広範な人々の関心を喚起《かんき》するものだったからです。自由と民主主義を掲げるアメリカのナショナリズムが、時に行き過ぎることがあるにもかかわらず、広範な人々を惹《ひ》きつけるのは同じ理由からです。ある時期の日本が「ジャパン・アズ・ナンバーワン」と称賛《しょうさん》されたのは、他の地域の人々と関心を共有していたからなのです。

それは、ナショナリズムが必ずしも孤立をもたらすだけでなく、国際的な影響力を持つことが出来ることを意味しています。逆にナショナリズムが国際的な孤立を深め、いたずらに軍事的緊張に道を開くようなことにならないよう、その管理と指導には細心の注意が必要です。個人の生活を考えても分かるように、自己満足だけでこの世を渡《わた》ることはできません。ましてや、国際関係においてはなおさらです。ゆえに、政治はナショナリズムに呑《の》み込《こ》まれることなく、それを管理し指導する責任と「強さ」が求められることを忘れてはならないのです。

軍事力の再登場

冷戦時代は軍事力を使うことは厳しく制限されていました。しかし、二〇〇一年のテロを挟《はさ》み、かつての戦争とは違った形での軍事力の行使が頻繁《ひんぱん》になってきました。例えば、深刻な人権侵害《しんがい》に対して国境の外から軍事力を行使するといった、人道目的のための軍事力の行使はその典型的な例でしょう。これは国際機関などの要請《ようせい》を受け、いわば警察的な役割を持つ軍事力の発動です。

その際の軍事力は精密誘導《ゆうどう》兵器のように、一方はほとんど被害《ひがい》を受けないような兵器体系に依存しています。大量破壊兵器問題に端を発したイラク攻撃《こうげき》もこの延長線上にありましたが、同時にこの戦争は、軍事力で解決できる問題の範囲がいかに限られたものであるかを浮き彫りにしました。軍事力にできることは相手の軍事組織の破壊であり、決して民主政治を「創出」することはできないし、秩序を作り出すことにも大きな限界があります。イラク戦争は軍事力の力量に対する幻想《げんそう》を吹《ふ》き払《はら》う上で、反面教師の役割を果たしたのです。

世界には膨大な軍事力が蓄積《ちくせき》され、その破壊能力は恐るべきものがあります。核兵器の拡散も進んでいます。これをナショナリズムと結びつけて、政治的にもてあそぶのは大変危険です。ちょうど今から一世紀前、ヨーロッパの人々はこのことに懸念《けねん》を持ち、来《きた》るべき戦争の恐ろしい惨禍《さんか》について論じていました。しかし、ヨーロッパの列強は権益の拡張のために小競《こぜ》り合《あ》いを繰り返し、ついには自分を制御《せいぎょ》できないかのように、のめり込むように第一次世界大戦に突入しました。クリスマスまでに戦争は終わるという根拠のない楽観論もありましたが、イギリス外相グレイは開戦の日、「全ヨーロッパにわたって、ランプの灯が消えていく。われわれが生きている間に、この灯が再びともるのを見ることはないだろう」と絶望的な心境を語りました。

「戦争は政治の道具である」とよく言われますが、戦争によって大量の血が流されると、政治は逆に戦争によって支配され、「政治は戦争の道具」になってしまうことを二十世紀の歴史は教えています。民主政治は戦争を始めることができるとしても、戦争を生き延びられる保証は必ずしもありません。

中国の兵書の古典に『孫子』があります。この本の冒頭《ぼうとう》に、「兵とは国の大事なり」

という言葉があり、戦争や軍事は国家・国民の死活に関わり、存亡の分かれ道であるから、熟慮《じゆくりよ》に熟慮を重ねなければならないと述べられています。そして支配者や将軍は怒《いか》りに任せて戦争を始めたり、憤激《ふんげき》に身をゆだねて戦闘《せんとう》をしないことが国を安泰《あんたい》にする道であることが繰り返し強調されています。一旦《いったん》、戦争を始めて敗北するようなことがあれば、滅《ほろ》んだ国はもう建て直しがきかず、死んだ人々は再び生き返ることはないというのです。民主政治にあっては国民一人一人が大なり小なり、支配者や将軍の気構えを身に付けることが求められるということでしょう。

環境・資源問題と民主政治

冷戦の終焉《しゆうえん》とグローバル化は、中国やインドなど新興国の経済的な台頭につながり、それとともに石油や鉱物資源をめぐる激しい国際的な争奪戦《そうだつせん》が見られるようになりました。資源は国際関係において有力な力になり、一部の資源国では急速にナショナリズムが高まっています。資源問題が国際緊張を生み出す原因になりつつあることは否定できません。

また、新興国の高度成長は当然のことながら新たな環境問題を生み出しました。実際、中国の環境問題は、われわれにとって無視できない現実となっています。温暖化のもたらす結果が露《あら》わになる中で、この問題に対する国際的な懸念は、かつてなかったほどはっきりと浮上してきました。サミットもついにこの問題を取り上げざるを得なくなりました。しかし、大量の自動車の運行と環境問題への対処を両立させようとすると、今度は食糧《しょくりょう》価格の上昇《じょうしょう》につながるといったように、資源の活用問題は新たな争点を生み出しつつあるように見えます。

もちろん、いくつかの難問の解決・軽減に対して科学技術が大きく貢献《こうけん》する余地があることは確かですが、人間が自然の中で生存していく動物であるという基本が変わらない限り、自然とそれがもたらす資源とどう共存していくかという問題はなくならないでしょう。政治はこの共存の枠組みを作成する任務を負っていますが、それを担うためには複雑な国際的取り決めをする能力を十分に蓄えるとともに、国内においてそれを実行するだけの力量が問われることになります。当然、民主政治にもストレスがかかることになります。

環境・資源問題との取組みと民主政治がどの程度両立できるのか、これが大きな隠された問題なのです。実際のところ、二十世紀の民主政治は資源の大量利用と経済活動の継続的な拡大と、事実上歩調を合わせて営まれてきました。また、第二次世界大戦後の高度成長と利益政治の「繁茂」は二人三脚《ににんさんきゃく》の関係にありました。現在人類が直面している課題は、利益のばら撒《ま》きとは全く違った、政治の質的転換《てんかん》を求めるものであることは言うまでもありません。これは政治にとって大きなチャレンジを意味しています。

〈コラム6〉 十八歳《さい》投票権の時代へ

二〇〇七年の国会で成立した「日本国憲法の改正手続に関する法律」(いわゆる国民投票法)は、憲法改正の手続きを定めた点で重要であるだけでなく、その第三条において「日本国民で年齢《ねんれい》満十八年以上の者は、国民投票の投票権を有する」と定めた点で、大きな内容を含《ふく》んでいます。この法律は附則《ふそく》において、公布から三年を経て施行するとし、その三年の間に他の法律を十分に見直して、十八歳以上の者がこの投票権を行使できるよう、国に義務付けています。しかし、こうした十分な法律改正がなされない間は、これまでと同様、投票権を持つのは満二十歳以上のままであると定めています。

この十八歳をめぐる法律をどう扱《あつか》うかはこれから大きな課題となります。選挙権を持つ年齢を定めている公職選挙法や、成年年齢を定めている民法などの改正が必要なことを指摘しているからです。公職選挙法そのものについては、選挙権年齢を十八歳に引き下げてもそれ程大きな問題は出てきませんが、むしろ、他の法律でいろいろな議論が出てくることが予想されます。民法の成年の定めは、自分で契約《けいやく》を結ぶことができ、自分で責任を負うことになるといったことと一体の関係にあります。年齢の引き下げは当然、これに影響《えいきょう》を及《およ》ぼします。また、結婚《けっこん》最低年齢などにも変化が起こりますし、刑事法の領域では、少年法の適用年齢の見直しがすぐに頭に浮《う》かびます。ある調査によれば、二十歳を基準にした法律の条文は二十八、成年・未成年を基準にした法律の条文が六十五あるとのことですから、どこまで法律の見直しが進めば十八歳投票権が現実のものになるのか、これから見極めて行く必要があります。

ところで、参政権について言えば、いろいろな選挙に参加した経験を持った上で憲法改正問題に投票できるように、公職選挙法で定めるべきでしょう。従って、まずは公職選挙法上において投票権を十八歳以上の者に下げることができるかどうかが、最初の難問になります。世論は概ね十八歳への引き下げに賛成ですが、若者の「未熟《みじゅく》さ」などを根拠《こんきょ》にした根強い反対もあります。特に、政治家たちが選挙との関係でどう考えるかが第一の関門になるでしょう。また仮に、公職選挙法で定められた選挙に参加できるようになったとしても、民法や刑事法の領域が「右ならえ」で見直しが進む保障はありません。しかし、個々の法律がばらばらであると、どこかで不都合が起こらないとも限りません。今後どんな議論が繰り広げられるか、若い世代はおおいに注視すべきでしょう。

なお、十八歳を成年とする定めはフランスやイギリス、ドイツなどで既に行われており、アメリカの多くの州でも施行されています。日本の若者たちがこの重い責任を堂々と引き受けるのか、それともさまざまな理屈《りくつ》をつけて逃《に》げ回《まわ》るのか、あるいは、世間の反対を頼《たよ》りに知らん顔を決め込むのか、大変興味のある場面です。

おわりに——二十一世紀型社会を模索《もさく》して

日本では国民投票法が成立し、それとともに十八歳《さい》にまで参政権の範囲《はんい》が広がることになりました。もちろん、民法や少年法などの法律もそれに併《あわ》せて変わることになります。新しい有権者に期待されているのは、二十一世紀の日本と世界を創《つく》るために政治と（そして社会と）関《かか》わることです。この本もその若い世代に対するメッセージのためのものです。これまで述べたように、政治には難しい課題がたくさんあります。どこから取り組んだらいいのか、当惑《とうわく》するのは容易に想像できます。そこで、ここでは取り組みの基本を述べて「おわりに」にしたいと思います。

何に対しても言えることですが、政治の場合にも最悪の事態を避《さ》けることと最善の状態を実現することとを、はっきりと分けて考える必要があります。最善の状態を実現しようということばかりを考えて、最悪の事態に対して無防備になるのは愚《おろ》かなことです。そこでまず、「あってはならないこと」が起こらないように努力することが大切になります。大戦争や日本の人口の消滅《しょうめつ》などは、「あってはならないこと」の最たるものでしょう。「あってはならないこと」を防ぐためには積極的に政治に参加し、時には運動をすることも躊躇《ちゅうちょ》してはなりません。

しかし、「あってはならないこと」が起こらないからといって、それで満足していいのでしょうか？　現実の社会には、グローバル化に伴《ともな》う格差であるとか、環境《かんきょう》・資源問題とか、「否応《いやおう》なしに応対しなければならない」必要不可欠な課題がたくさんあります。これこそ、私たちが日常的に応対しなければならない問題群です。ここでは基本的に、有効な施策《しさく》に注力し、私たちが可能な限り国際的に有利な位置を占《し》めるように導くことが政治の課題になります。当然、日本の現状を十分に踏《ふ》まえた施策を講ずる必要があり、施策が本当に有効なのか、「カラ元気」を振《ふ》りまいているに過ぎないのかについて、有権者は的確に判断する力が求められます。

ここで必要なのは、政治は一時の興奮などによって左右されてはならないし、非合理な政策は有効性を持たないという冷静な観点を持ち続けることです。独りよがりの、スーパーマンのような話に「いかれない」「騙《だま》されない」ためには、政策の合理性、有効性に対する十分な関わりが必要であり、この関わりの強さがなければ長期的な社会の発展は望むことができないと、肝《きも》に銘《めい》ずることです。従って、政治は感情で動くように見えますが、最後は「頭脳」でする活動であることを決して忘れてはなりません。政治の世界には、有権者を「騙しかねない」(「騙そうと思っている」というわけではないにせよ)人がたくさんうごめいていることを無視することができないのです。

望ましい最善の状態への期待を持つことは、政治に関わる時には大切な資源です。もちろん、望ましい状態といっても、日本で考えられることは、アメリカや中国で考えられることとは違《ちが》っているはずです。二十世紀の日本は、軍事力や経済力といった「ハード・パワー」で影響力《えいきょうりょく》を行使しましたが、この路線はそれぞれに破綻《はたん》、あるいは一段落しました。おそらく、同じことを繰《く》り返《かえ》そうとしても出来ない相談だと思います。もちろん、日本の経済力が世界有数なほど規模が大きいことは否定できませんし、これからも経済力の充実《じゅうじつ》に取り組むことに異論はないでしょう。しかし大事なことは、社会あっての経済であり、経済力を活用する発想を失った社会や個人の将来は、そう明るいものではないということです(人口の減少はそれを示唆《しさ》しています)。

私の考えでは、これから大切なことは、これまでと違った形で日本社会の新しさを作り出し、それをアピールすることです。そのためには前に述べたように、世界の人々の共通の関心事を世界に先駆《さきが》けて達成すること、その意味で将来のための「モデル」を展開することが考えられます。ある時期、福祉《ふくし》国家といえばスウェーデンが取り上げられたように、二十一世紀の社会のモデルは日本であるというような、アピール力のある新しい社会を創ることです。つまり、力の大きさに代わって「モデル」で勝負するという構想です。

環境・資源問題はいうまでもなく、少子化・高齢化《こうれいか》問題はこれから世界が直面する共通の課題です。特に、アジア近隣《きんりん》諸国はいずれ時間差をおいて、日本と同じ問題に直面することは必至《ひっし》です。日本には他のアジアの諸国にはない、いろいろな蓄積《ちくせき》があります。歴史の中で競争するための秘訣《ひけつ》は、「先取り」をする、つまり他よりも一歩でも早く進むことが考えられます。

もちろん、そのためには意識や仕組みの大改革が必要になります。例えば、一生朝から晩まで会社で働く以外に人生が考えられない、というようなことでは、二十一世紀型社会を構想することはできません。二十一世紀型社会は、各人がいくつかの違った生活や仕事を一生の間に選択《せんたく》し、複数のチャレンジをするような社会です。一言で言えば、今までの二倍生きることを覚悟《かくご》し、それを積極的に受け入れることによって成り立つような社会です。定年になったら年金頼《だの》みの生活をするのではなく、協力し合いながら積極的に社会に対して貢献《こうけん》することを、当然と考える社会であり、いよいよ動けなくなるまで、社会の中に自分の居場所を求め、またそれが与えられるような社会です。

それには狭《せま》い経済的そろばん勘定《かんじょう》を超《こ》えて、人間の気持ちを受け入れるような社会システムを構想することが必要であり、すでにさまざまなボランティア活動で姿を現し始めています。これからは、一人の日本人の発するエネルギーを今までの二倍に高めて、高齢化問題に対処し、環境問題に対応し、あまつさえ少子化問題にも応対しようとする社会が必要なのです。人間が孤立《こりつ》し、家族の中でさえ居場所に苦労するような状態を、完全に逆転させるのがこの二十一世紀型社会の構想です。つまり、人間は「社会的動物」であるということ、日本の人々がこれまで膨大《ぼうだい》な文化力、組織的能力を蓄積してきたことと、これを顕在化《けんざいか》させることによって一プラス一が二ではなく、三や四になる仕組みを考えること、これが二十一世紀型社会のアイデアです。

もし、日本でそうした二十一世紀を先取りする社会が現実のものとなれば、世界から多くの人々が押《お》し寄《よ》せるでしょうし、日本で勉強したり、日本に住みたいと考えたりする人々も増えることでしょう。それは日本に対する国際的な好感を増やし、やがては尊敬につながることでしょう。現在、日本政府は観光を振興《しんこう》し、留学生を増やしたいと考えていますが、今述べてきたことは、「急がば回れ」ということわざが非常にぴったりする構想ではありませんか？　これはほんの一例ですが、「可能性の術」としての政治の役割を他人事と考えるのではなく、広い意味で身近なことと考える余地を広げていってほしいと思っています。

挿絵　川口澄子

ちくまプリマー新書 064

民主主義《みんしゅしゅぎ》という不思議《ふしぎ》な仕組《しく》み

二〇〇七年八月十日　初版第一刷発行
二〇二一年二月十日　初版第十八刷発行

著者　佐々木毅（ささき・たけし）

装幀　クラフト・エヴィング商會

発行者　喜入冬子

発行所　株式会社筑摩書房
東京都台東区蔵前二－五－三　〒一一一－八七五五
電話番号　〇三－五六八七－二六〇一（代表）

印刷・製本　株式会社精興社

ISBN978-4-480-68765-4 C0231 Printed in Japan